Desafío a Servir

Desafío a Servir

Charles R. Swindoll

EDITORIAL BETANIA

DESAFIO A SERVIR

9200 S. Dadeland Blvd., Suite 209
Miami, FL 33156, E.U.A.

Publicado originalmente en inglés con el título de
IMPROVING YOUR SERVE

Publicado por Word, Inc.
Waco, TX 76796 E.U.A.

Versión castellana: M. Francisco Liévano R.

ISBN 0-88113-322-1

Printed in U.S.A.

Dedicatoria

Con mucho aprecio, dedico este libro a

Helen de Peters
y
Beverly Peters,

un equipo de madre e hija cuyo servicio
difícilmente pudiera mejorarse.

A causa de la ayuda eficiente y abnegada de ellas, entre bastidores, mi esposa y yo hemos reído más y nos hemos preocupado menos.

INDICE

Introducción

Durante más de dos años me ha intrigado un versículo bíblico que se halla en el relato que Marcos nos ofrece de la vida de Jesús. Algunas veces, este versículo me ha perseguido y me ha declarado culpable. En otras ocasiones me ha animado. Cuando lo he usado como base para evaluar el liderato, por lo general, he quedado a la vez sorprendido y sobresaltado. Muy a menudo, la verdad de este versículo está notablemente ausente de la vida diaria. Y entre aquellos que esperaríamos verla mejor demostrada —la comunidad cristiana— no es raro hallar que raras veces se demuestra.

¿Cuál es el versículo? Marcos 10:45:

> Porque el Hijo del Hombre no vino para ser servido, sino para servir, y para dar su vida en rescate por muchos.

¿Cuál es la verdad? La auténtica condición de un siervo.

Lea usted de nuevo el versículo, esta vez en alta voz. Cuando Jesús se tomó tiempo para explicar la razón por la cual vino a estar entre nosotros, lo hizo de una manera simple y directa: para servir y dar. No para *ser* servido. No para apoderarse del puesto más destacado. No para ganar buen nombre, ni para atraer la atención, ni para tener éxito, ni para ser famoso, ni poderoso, ni idolatrado. Muy francamente, no; esas fruslerías lo contrariaban. El mundo del primer siglo estaba lleno y rebosante de dogmáticos que tenían gran fuerza de voluntad. Se podía comprar una docena de autoridades a un precio muy barato (como siempre).

Había Césares y Herodes y gobernadores y otros pomposos tipos competidores en abundancia. Algunos, como los fariseos, los saduceos y los escribas, con quienes Jesús chocó desde los primeros días de su ministerio, usaban aun la religión como palanca para controlar a los demás. ¿Pero había siervos? Quiero decir, ¿había personajes auténticos que genuinamente se entregaban a sí mismos, sin que les preocupara quién recibiría la gloria? ¡No se hallaban!

Pero antes que nuestras lenguas comiencen a dar chasquidos y nuestras cabezas a menearse a causa de aquellos individuos, a través del túnel del tiempo, antes de dedicarnos a criticar al mundo romano por su presunción y arrogancia, tenemos alguna tarea que poner al día en nuestro tiempo. La asombrosa comprensión de este hecho, a lo largo de dos años, me obligó a detenerme y pensar seriamente en lo que significa ser siervo. Eso no quiere decir que nunca había oído tal palabra, o que no la había estudiado de vez en cuando . . . pero sinceramente, nunca había hecho el esfuerzo consciente de examinar el concepto del servicio, ni en la Biblia, ni en la vida diaria. Ciertamente, yo no había sido un modelo de siervo; para vergüenza mía tengo que admitirlo. Francamente, aún estoy luchando. Eso de servir y dar no es algo que viene naturalmente. ¡La vida altruista es un arte!

El beneficio que he recibido como resultado de mi investigación de dos años no se puede describir con palabras. El dedo del Espíritu de Dios me llevó de pasaje en pasaje en la Biblia. Luego, me proveyó percepción en la interpretación, una percepción que está fuera de mi capacidad, y finalmente me ayudó a aplicarme los principios que surgieron de las páginas de su Libro. Con notable regularidad, el Señor encendió las luces sobre aquellas esferas que habían estado oscuras en mi pensamiento a través de toda mi vida cristiana. Las grandes piedras que habían bloqueado mi visión y mi avance fueron empujadas hacia un lado. El discernimiento comenzó a tomar el lugar de la ignorancia. Eso de llegar a ser siervo comenzó a ser algo bello, sí, *esencial;* y no algo horrible y fatal. No sólo tuve el deseo de este conocimiento para mí mismo (proceso que aún continúa), sino que quise compartir con otros lo que Dios me estaba indicando.

Simplemente, eso fue lo que hice. Domingo tras domingo prediqué con mi corazón abierto a la congregación más educable y receptiva de que jamás pudiera disfrutar un pastor. La serie creció y pasó del púlpito de la Primera Iglesia Evangélica Libre de Fullerton, California, a nuestros amigos en todo el mundo que oyen nuestros programas radiales *Insight for Living* (Discernimiento para la vida) día tras día. También he hablado sobre este tema en colegios universitarios cristianos, seminarios, banquetes, y en otras reuniones en iglesias, en programas radiales y en conferencias cristianas. Casi sin excepción, los que han oído estos mensajes me han animado a que escriba un libro que comunique este material en forma escrita.

Mientras yo procuraba decidirme, Floyd Thatcher, vicepresidente y director editorial de la casa publicadora Word Books, me expresó un sincero interés en el tema, y me invitó a publicar estos capítulos que usted está a punto de leer. Expreso ampliamente mi gratitud a Floyd tanto por su visión como por su determinación de hacer que este sueño se convirtiera en una realidad. Su contagioso entusiasmo fue como pedernal que continuamente dio la chispa que yo necesitaba para permanecer en la tarea de escribir mis pensamientos.

Y para usted, estimado lector, agregaré sólo un comentario final. Este es un libro para aplicarlo. Usted no tiene que ser un individuo brillante ni dotado para poner en práctica las verdades de este libro en su vida. *Pero usted tiene que querer hacerlo.* Para que la tinta de estas páginas pueda transferirse permanentemente para un cambio, primero en su pensamiento y luego en su vida, tiene que haber un espíritu dispuesto que diga: "Señor, muéstrame . . . enséñame . . . ayúdame . . . a servir y dar". Si permite que ésa sea su actitud, el proceso mediante el cual llega a ser más parecido a Cristo mismo será mucho más suave, mucho más rápido y mucho menos doloroso.

Charles R. Swindoll
Fullerton, California

1

¿Quién, yo un siervo? ¡Usted tiene que estar bromeando!

La idea de llegar a ser un siervo me parecía errónea o fatal. Ahora comprendo que la rechazaba a causa de que el concepto que yo tenía de siervo era algo que estaba entre un esclavo africano llamado Kunta Kinte, de la película *Raíces*, y los millares de obreros migratorios que, en el tiempo de la cosecha, llegan a trabajar en las tierras de cultivo de los Estados Unidos de América. Las dos clases representaban la ignorancia, eran objeto de maltrato, tenían una vulgar ausencia de dignidad humana, y eran el epítome de muchas de las cosas a las cuales se opone el cristianismo.

Esta imagen mental me desalentaba por completo. En mi cabeza había una caricatura de una criatura que virtualmente no tenía voluntad ni propósito en la vida . . . encorvada, abrumada de espíritu, sin estima de sí misma, sucia, arrugada y cansada. Usted me entiende, cierta clase de mula humana que, con un suspiro, se arrastra y camina pesadamente por los largos callejones de la vida. Por favor, no me pregunte por qué; pero ésa era la idea que me venía cada vez que oía la palabra *siervo*. Cándidamente, la idea me disgustaba.

Y la confusión aumentaba mi disgusto cuando yo oía que las

personas, especialmente los predicadores vinculaban los términos *siervo* y *líder*. Me parecían tan opuestos como la luz y las tinieblas, un clásico ejemplo de la proverbial clavija cilíndrica en un agujero cuadrado. Claramente recuerdo que pensé en ese tiempo: "¿Quién, yo un siervo? ¡Usted tiene que estar bromeando!"

Tal vez ésa sea también la reacción inicial de usted. Si así es, lo entiendo. Pero usted va a recibir una agradable sorpresa. Tengo grandes noticias basadas en alguna información muy útil que, si se aplica, cambiará su mente y luego, su vida. Me emociono al pensar que Dios va a usar las palabras de este libro para presentarle (como lo hizo conmigo) la verdad relacionada con el auténtico servicio. ¡Cuán desesperadamente necesitamos mejorar nuestro servicio!

Hace varios años leí acerca de un experimento fascinante dirigido por el Instituto Nacional de Salud Mental. Ocurrió en una jaula de tres metros cuadrados diseñada para albergar cómodamente 160 ratones. Durante dos años y medio, la colonia ratonil creció de 8 a 2.200. Se les proveyó continuamente alimento, agua y otros recursos. Se eliminaron todos los factores que provocan mortalidad (excepto la edad). El doctor John Calhoun, un sicólogo investigador, comenzó a observar una serie de fenómenos raros entre los ratones, a medida que la población llegaba a su punto culminante. Dentro de la jaula, de la cual no podían escapar los ratones, la colonia comenzó a desintegrarse.

- Los adultos formaron grupos o pandillas de alrededor de una docena en cada grupo.
- En estos grupos, cada ratón realizaba funciones sociales particulares y diferenciadas.
- Los machos que normalmente protegían su territorio se retiraron del liderato y se volvieron pasivos de una manera inusitada.
- Las hembras por lo general se volvieron agresivas y desalojaban a las jóvenes.
- Los jóvenes no hallaron lugar en la sociedad, y mientras iban creciendo fue aumentando más su desenfreno. Comían, bebían, dormían y se acicalaban; pero no mostraban la normal agresividad.
- Toda la sociedad ratonil finalmente se desorganizó . . . y después de cinco años, *todos los ratones habían muerto,* a pesar de que había abundancia de alimento, agua, recursos; y no había enfermedades.

Lo que les interesó más a los observadores fue la fuerte independencia, el exagerado síndrome de aislamiento de los ratones. Esto se destacó grandemente por el hecho de que el galanteo y el apareamiento, las actividades más complejas de los ratones, fueron las primeras actividades que cesaron.

Si la humanidad se sometiera a iguales condiciones, ¿qué resultado habría? ¿Cuáles serían los resultados de vivir en condiciones superpobladas en un planeta del cual no se puede escapar, con los factores acompañantes de la tensión? El doctor Calhoun sugirió que, ante todo, dejaríamos de reproducir nuestras ideas, y con ello perderíamos nuestras metas, nuestros ideales y nuestros valores.[1]

Eso está ocurriendo.

Nuestro mundo se ha convertido en una institución grande, impersonal y ocupada. Estamos alejados los unos de los otros. Aunque estamos apiñados, nos sentimos solos. Estamos distanciados. Empujados, hemos llegado a estar juntos, pero no comprometidos. La mayoría de los vecinos ya no hablan a través de la cerca del patio de atrás. El bien cortado césped del frente es el foso moderno que mantiene a los bárbaros a raya. El acumulamiento de riquezas y la ostentación han reemplazado a la participación y a la preocupación por los demás. Es como si estuviéramos ocupando un espacio común, pero no tuviéramos intereses comunes; como si estuviéramos en un ascensor en el cual hubiera las siguientes normas: "No hable. No se ría. No se permite el contacto visual sin el consentimiento escrito de la administración".

Aunque sea doloroso admitirlo públicamente, en esta gran tierra americana, estamos perdiendo el contacto los unos con los otros. La motivación para ayudar, para animar, sí, para *servir* a nuestros semejantes está languideciendo. Las personas observaron que un crimen se cometía, pero se negaron a ayudar, para no complicarse. En estos días confusos estamos perdiendo hasta nuestros valores fundamentales. Y sin embargo, éstos son los elementos esenciales de una vida feliz y satisfactoria.

¿Recuerda usted aquella gran declaración de seguridad bíblica en la verdad fundamental de Romanos 8? Me refiero a los versículos 28 y 29, donde leemos:

> Y sabemos que a los que aman a Dios, todas las cosas les ayudan a bien, esto es, a los que conforme a su propósito son llamados.

> Porque a los que antes conoció, también los predestinó para que fuesen hechos conformes a la imagen de su Hijo, para que él sea el primogénito entre muchos hermanos.

Tal vez usted nunca se haya detenido a considerar que Dios está dedicado a *un* objetivo principal en las vidas de todo su pueblo: conformarnos a "la imagen de su Hijo". Necesitamos recurrir a esa meta eterna, ahora cuando nuestra jaula está superpoblada y nuestras vidas se están distanciando cada vez más unas de otras.

Exactamente, ¿qué es lo que nuestro Padre celestial quiere desarrollar dentro de nosotros? ¿Qué es "la imagen de su Hijo"? Bueno, en vez de sumergirse hasta el cuello en las profundas y engañosas aguas teológicas, creo que la simple respuesta se halla en las propias palabras de Cristo. Veamos lo que él declara en cuanto a la razón fundamental de su venida:

> Porque el Hijo del Hombre no vino para ser servido, sino para servir, y para dar su vida en rescate por muchos (Marcos 10:45).

Aquí no hay equívoco. Esta es simplemente una declaración sin ambages. El vino a servir y a dar. Tiene sentido, entonces, decir que Dios desea lo mismo de nosotros. Luego de atraernos a su familia por medio de la fe en su Hijo, Dios tiene la mirada puesta en desarrollar en nosotros la misma cualidad que distinguió a Jesús de todos los demás en su día. El está empeñado en desarrollar en su pueblo las mismas cualidades de servicio y dádiva que caracterizaron a su Hijo.

No hay nada más alentador que el corazón de un siervo y un espíritu dador, especialmente cuando vemos estas características demostradas en una persona a quien muchos calificarían como una celebridad. Hace un par de años, mi esposa y yo, asistimos a la convención de los Radiodifusores Religiosos Nacionales en Washington, D. C., donde uno de los principales conferencistas era el coronel James B. Irwin, ex astronauta que fue parte integrante de la tripulación que tuvo el éxito de caminar en la luna. El habló acerca de la emoción de haber salido de este planeta y verlo cómo se reducía en tamaño. El mencionó que había observado la salida de la tierra un día . . . y pensó que era un gran privilegio ser miembro de esa tripulación única. Luego, cuando venía de regreso a casa, comenzó a comprender que muchos lo considerarían a él como un "superestrella", ciertamente una celebridad internacional.

Sintiendo profunda humildad ante la imponente bondad de Dios, el coronel Irwin compartió con nosotros sus verdaderos sentimientos. Algo como lo que sigue:

> Mientras regresaba a la tierra, comprendí que yo era un siervo, no una celebridad. Así que estoy aquí como siervo de Dios en el planeta tierra, para compartir con ustedes lo que he experimentado, a fin de que otros conozcan la gloria de Dios.

Dios le concedió a este hombre salirse de la pequeña jaula que llamamos "tierra", y durante ese tiempo le mostró un lema básico que todos haríamos bien en aprender: *un siervo, no una celebridad.* Atrapados en el vertiginoso tráfago de la rutina del siglo XX, mientras corremos alocados a través de los aeropuertos, a fin de cumplir con nuestros compromisos, y adoptar decisiones de gran trascendencia, y hacer frente a la tensión que nos producen las demandas de la gente, mezcladas con nuestras propias expectativas elevadas, es fácil perder de vista nuestro principal llamamiento como cristianos, ¿no es verdad? Aun la ocupada madre de niños pequeños lucha con esto. Los montones de ropa para planchar y las interminables necesidades de su marido y de sus hijos no le permiten tener una visión del conjunto.

Si usted es como yo, algunas veces piensa: "Yo daría cualquier cosa para poder volver al tiempo cuando Jesús proyectó su sombra sobre la tierra. ¡Qué grande tuvo que haber sido sentarse como uno de los doce apóstoles y absorber todas las verdades que él enseñó. Lo que quiero decir es que *ellos realmente tuvieron que haber aprendido a servir y a dar de sí mismos*". ¿Correcto? ¡Incorrecto!

Permítame hacer un viaje de regreso con usted para estar presentes en una de las muchas escenas que realmente demostraron cuán típicos fueron aquellos hombres. Me refiero a una ocasión en que la popularidad de nuestro Señor estaba creciendo . . . el conocimiento de su reino se estaba esparciendo . . . y los discípulos comenzaron a afanarse, pues querían que se los reconociera como miembros de este grupo privilegiado.

Lo que hace que este relato sea un poco más interesante es la presencia de *la madre* de dos de los discípulos. Ella es la señora de Zebedeo, esposa de un pescador galileo, y madre de Jacobo y Juan. Consideremos la petición de ella:

> Entonces se le acercó la madre de los hijos de Zebedeo con sus hijos, postrándose ante él y pidiéndole algo. El le dijo: ¿Qué quieres? Ella le dijo: Ordena que en tu reino se sienten estos dos hijos míos, el uno a tu derecha, y el otro a tu izquierda (Mateo 20:20, 21).

Ahora bien, no sea usted tan duro con esta querida madre judía. ¡Ella estaba orgullosa de sus hijos! Había pensado en esa petición durante un buen tiempo. Su motivo probablemente era puro, y su idea estaba en la perspectiva adecuada. Ella no pidió que sus hijos ocuparan el trono central. Claro que no. Ese le pertenecía a Jesús. Pero, como cualquier buena madre que anda a la caza de "oportunidades en la vida" que le sirvan para una agradable promoción, ella empujó a Jacobo y Juan como candidatos a ocupar el segundo y el tercer trono. Ella quería fortalecer la imagen de ellos ante el público. Quería que la gente tuviera un alto concepto de sus muchachos que habían dejado sus redes para entrar en este ministerio prometedor. Ellos estaban entre los 12 apóstoles.

¡Y eso necesitaba reconocimiento!

En caso de que usted se pregunte qué sintieron los otros diez apóstoles acerca de esto, eche una mirada al versículo 24. Dice que "los diez . . . se enojaron". Adivine usted por qué. ¡Claro! Ellos no iban a entregar esas posiciones cimeras sin luchar. Ellos se sentían completamente maltratados por el hecho de que tal vez Jacobo y Juan lograrían la gloria que ellos querían. ¿Le parece familiar esto?

Con punzante convicción Jesús responde a la madre con las siguientes palabras penetrantes: "No sabéis lo que pedís . . ." (versículo 22). Eso tuvo que haberla punzado. Ella pensaba que realmente sabía lo que pedía. Estaba enamorada de su mundo de soldados que portaban medallas, emperadores que lucían joyas en sus coronas, gobernadores cuyos esclavos los atendían en cada necesidad, y aun mercaderes que contaban con sus empleados . . . a ella simplemente le pareció adecuado que esos dos hijos de ella tuvieran tronos, especialmente por cuanto eran socios fundadores del movimiento de Dios, que pronto sería un "reino". ¡Los gobernantes necesitan tronos!

No. Este movimiento es diferente. Jesús llama a sus discípulos aparte y les expresa el agudo contraste que hay entre la filosofía de él y el sistema del mundo en el cual ellos vivían. Lea sus palabras lentamente y con cuidado.

> Entonces Jesús, llamándolos, dijo: Sabéis que los gobernantes de las naciones se enseñorean de ellas, y los que son grandes ejercen sobre ellas potestad. Mas entre vosotros no será así, sino que el que quiera hacerse grande entre vosotros será vuestro servidor, y el que quiera ser el primero entre vosotros será vuestro siervo; como el Hijo del Hombre no vino para ser servido, sino para servir, y para dar su vida en rescate por muchos (Mateo 20:25-28).

En el sistema secular hay niveles distintos de autoridad. Ciertamente esto se cumple en el día de hoy. En el gobierno está el presidente, los ministros de su gabinete y un gran cuerpo de hombres personalmente seleccionados, los cuales tienen privilegios que no posee el ciudadano común. En las fuerzas armadas hay oficiales y hombres sin grado de oficial . . . y grados dentro de cada rama de las fuerzas. En los deportes hay entrenadores y jugadores. En los negocios hay presidentes de las corporaciones y líneas de autoridad entre los administradores y el personal, superintendentes de las tiendas, capataces y obreros. Se espera que la persona que pertenece a la fuerza laboral marque la hora de llegada en el reloj registrador, que se presente a tiempo, que trabaje duro y que no se aproveche de su patrón. Hay un nombre que se aplica a los que prefieren no seguir estas instrucciones: ¡Desempleados! ¿Por qué? Porque el jefe tiene a su cargo la dirección de la empresa. Así es como opera el sistema. Jesús lo expresó de la siguiente manera: "Los que son grandes ejercen sobre ellas potestad". Pero luego agrega: *"Mas entre vosotros no será así"* (cursivas del autor). ¿Qué es lo que no será así? Simplemente esto: en la familia de Dios tiene que haber un gran cuerpo de personas: siervos. De hecho, ésa es la manera de llegar a la cumbre en su reino.

> . . . el que quiera hacerse grande entre vosotros será vuestro servidor.

Esas son palabras olvidadas.

Sí, éstas parecen ser palabras olvidadas, aun en muchas iglesias que tienen pastores afables, ejecutivos de gran autoridad y cantantes de primera categoría. Infortunadamente, no parece haber mucho de la mentalidad de siervo en tales ambientes. Aun en nuestra iglesia tenemos la tendencia de dejarnos atrapar tanto por la competencia de éxito y prestigio que perdemos de vista nuestro llamamiento esencial como seguidores de Cristo. El "síndrome de la celebridad", que está tan presente en nuestro pensamiento y actividades cristianas, no cuadra con las actitudes y mensajes de Jesús. Nos hemos deslizado hacia un patrón en el que las celebridades y los mandamás en la vida de nuestra iglesia dan las órdenes, y es difícil ser un siervo cuando uno es utilizado para que les diga a otros qué es lo que deben hacer.

Tal vez debo aclarar lo que quiero decir. En el cuerpo de Cristo hay una cabeza. Cristo Jesús es el Señor de su cuerpo.

> El es la imagen del Dios invisible, el primogénito de toda creación. Porque en él fueron creadas todas las cosas, las que hay en los cielos y las que hay en la tierra, visibles e invisibles; sean tronos, sean dominios, sean principados, sean potestades; todo fue creado por medio de él y para él. Y él es antes de todas las cosas, y todas las cosas en él subsisten; y él es la cabeza del cuerpo que es la iglesia, él que es el principio, el primogénito de entre los muertos, para que en todo tenga la preeminencia (Colosenses 1:15-18).

Ningún ser humano se atreve a tomar esa posición. Un hombre llamado Diótrefes, que se menciona en 3 Juan, versículos 9 y 10, intentó hacer eso, y fue directamente reprendido por el apóstol. Diótrefes llega a ser una advertencia para cualquiera que desee llegar a ser "el jefe de la iglesia". Este pudiera ser un miembro de la directiva, un pastor, un maestro, un músico, un ex funcionario o un ex pastor de la iglesia. No importa quién sea, la mentalidad de Diótrefes no tiene lugar en el cuerpo de Cristo. Sólo Cristo es la cabeza. Todos los demás pertenecemos a la clase a la cual se refirió Jesús en Mateo 20 . . . *siervos*.

Probablemente usted está diciendo: "Pero para que se hagan las cosas, tiene que haber liderato". Sí, estoy de acuerdo. Pero tiene que ser un liderazgo con corazón de siervo entre *todos*. Usted se dará cuenta de que no estoy interesado en la forma de gobierno que su iglesia pueda escoger, sino sólo en que todos los que participan en ese ministerio (sean líderes o no) se consideren como servidores, como dadores. Lo más importante es *la actitud*.

Tal vez el mejor ejemplo, aparte del mismo Cristo, fue aquel joven judío de Tarso, quien fuera radicalmente transformado: era un obstinado funcionario del judaísmo, y llegó a ser un esclavo de Jesucristo. Se llamó Pablo. ¡Qué cambio tan notable! ¡Qué hombre tan destacado!

Es posible que usted tenga la noción de que el apóstol Pablo se abrió paso por la fuerza a través de la vida, como un barco de guerra completamente cargado en el mar. Arremetiendo y descargando golpes contra los objetivos, simplemente era demasiado importante para preocuparse por los pequeños o por los que se le atravesaban en el camino. Al fin y al cabo, *¡él era Pablo!* Tengo que confesar que esta descripción no está muy lejos de la impresión original que de este hombre tuve en mis primeros años de cristiano. Según mi manera de pensar, Pablo había sido una combinación de los artistas cinematográficos John Wayne, Clint Eastwood y Hulk, si hubieran sido cristianos. Lo que quiero decir es que él lograba que se hicieran las cosas.

Pero esa falsa impresión comenzó a desvanecerse cuando hice un estudio profundo de Pablo: su estilo, la descripción que él dio de sí mismo, aun los comentarios que hizo de varias iglesias y de diversas personas al escribir a unas y a otras. Descubrí que el hombre a quien yo consideraba como el personaje principal, por excelencia, se consideraba a sí mismo completamente lo contrario. Casi sin excepción, él comenzó todas sus cartas y epístolas con palabras que tenían este sentido: "Pablo, siervo . . ." o "Pablo, esclavo . . .".

Cuanto más reflexionaba yo en esas palabras, tanto más profundo me penetraban. Este hombre, que ciertamente pudiera haber esperado un trato preferencial, o haber exigido un papel arrogante de autoridad sobre los demás, se refirió a sí mismo muy a menudo como un "siervo" de Dios. ¡Sorprendente! El en realidad era un apóstol, pero se conducía, se portaba, como un siervo. Esto me pareció sumamente conmovedor.

Cuanto más pienso en este concepto, tantas más evidencias surgen de la Biblia que lo apoyan. En efecto, la mayoría de los descubrimientos pertenecen a una de las tres categorías de características relacionadas con esta imagen de siervo: *humanidad transparente, humildad genuina, honestidad absoluta.*

HUMANIDAD TRANSPARENTE

Leamos las palabras que Pablo escribió a los corintios:

> Así que, hermanos, cuando fui a vosotros para anunciaros el testimonio de Dios, no fui con excelencia de palabras o de sabiduría. Pues me propuse no saber entre vosotros cosa alguna sino a

Jesucristo, y a éste crucificado. Y estuve entre vosotros con debilidad, y mucho temor y temblor (1 Corintios 2:1-3).

"Ah, el hombre actúa con modestia", tal vez diga usted. No; no cuando compara usted estas palabras con la opinión popular de él:

Porque a la verdad, dicen, las cartas son duras y fuertes; mas la presencia corporal débil, y la palabra menospreciable (2 Corintios 10:10).

Ese es un verdadero choque. El hombre no las tenía todas consigo: no era perfecto; y aun mejor, ¡no intentaba esconder ese hecho! Admitió ante sus amigos de Corinto que él era débil, que tenía mucho temor y temblor cuando se paraba delante de ellos. Admiro esa transparencia. Todos la admiran, si lo que dice la persona es la verdad.

Se me olvidó dónde conseguí la siguiente declaración, pero la he tenido durante años. Describe vívidamente a Pablo como ". . . un hombre de moderada estatura, de cabello crespo y escaso, piernas encorvadas, ojos saltones, largas cejas unidas, larga nariz y labios gruesos".

¡Hombre! No parece una descripción de ninguno de los muchos ídolos públicos pulidos de nuestro día. Y sabemos el hecho de que él padeció terriblemente de una visión defectuosa (Gálatas 6:11). Además, algunos están convencidos de que este hombre era jorobado.

Sin esconder ni un ápice de su humanidad (lea usted Romanos 7, si aún está tratando de creer que él era un superhombre), Pablo declara abiertamente su verdadera condición. Tenía necesidades y las admitía. Los siervos hacen eso. Pablo no era una persona perfecta . . . y no ocultaba ese hecho. Así son los siervos. De inmediato usted comienza a ver algunos de los consoladores aspectos de tener un corazón de siervo. Pablo admitió su condición humana.

Esto nos lleva a la segunda característica de los siervos.

HUMILDAD GENUINA

Volvamos momentáneamente a la epístola que Pablo escribió a los corintios. El admite:

Y ni mi palabra ni mi predicación fue con palabras persuasivas de humana sabiduría, sino con demostración del Espíritu y de

> poder, para que vuestra fe no esté fundada en la sabiduría de los hombres, sino en el poder de Dios (1 Corintios 2:4, 5).

Ahora bien, para un predicador, éste es un verdadero comentario. El hombre sale al frente y no sólo declara su falta de persuasión, sino la razón de ello; para que los oyentes no se impresionen por la capacidad *de él*, sino por el poder *de Dios*. Hay algo muy auténtico en la humildad de Pablo. Vez tras vez leemos palabras similares en los escritos de él. Estoy convencido de que aquellos que recibieron instrucción directa de este hombre, crecientemente llegaron a sentirse más impresionados con el Cristo viviente, y menos con el hombre.

Cuando la gente sigue a líderes que están conscientes de su imagen, estos líderes son exaltados. Son colocados en pedestales y por último toman el lugar que le corresponde a la cabeza de la iglesia.

Cuando las personas siguen a líderes que tienen corazón de siervos, el Señor Dios es exaltado. Esas personas hablan de la Persona de Dios, del poder de Dios, de la obra de Dios, del nombre de Dios, de la Palabra de Dios . . . todo para la gloria de Dios. Permítame usted sugerirle un par de pruebas de humildad que son reveladoras:

1. *Un espíritu que no se defiende cuando se halla ante una confrontación.* Esto pone de manifiesto una disposición a ser responsable. La humildad genuina opera en conformidad con una filosofía más bien simple:

Nada que demostrar.
Nada que perder.

2. *Un deseo auténtico de ayudar a los demás.* Me estoy refiriendo a una conciencia sensible y espontánea de las necesidades de los demás. Un verdadero siervo permanece en contacto con las luchas que otros experimentan. Hay aquella humildad mental que continuamente busca maneras para servir y dar.

SINCERIDAD ABSOLUTA

Finalmente, pensemos en otra característica del verdadero siervo: integridad (sinceridad absoluta).

¿Recuerda usted las siguientes palabras?

Por lo cual, teniendo nosotros este ministerio según la misericordia que hemos recibido, no desmayamos. Antes bien renunciamos a lo oculto y vergonzoso, no andando con astucia, ni adulterando la palabra de Dios, sino por la manifestación de la verdad recomendándonos a toda conciencia humana delante de Dios (2 Corintios 4:1, 2).

¿Y qué diremos del siguiente pasaje?

Porque nuestra exhortación no procedió de error ni de impureza, ni fue por engaño, sino que según fuimos aprobados por Dios para que se nos confiase el evangelio, así hablamos; no como para agradar a los hombres, sino a Dios, que prueba nuestros corazones (1 Tesalonicenses 2:3, 4).

Realmente no hay mucho que agregar. La sinceridad tiene una bella y alentadora simplicidad . . . como también la tienen los siervos de Dios. No hay motivos ulteriores. No hay significados ocultos. Hay ausencia de hipocresía, de duplicidad, de juegos políticos y de superficialidad verbal. Cuando nuestras vidas se caractericen por la sinceridad y la real integridad, no habrá necesidad de manipular a otros. Llegaremos al punto en que todos los sustitutos nos desalentarán, tan pronto como cultivemos el gusto por lo genuino, por lo real.

Estoy lejos de haber hecho una presentación total, pero esto es suficiente por el momento. Necesitamos dejar esto en nuestra mente y dejar que se asiente por un rato. Antes de pasar al siguiente capítulo, aparte usted tiempo para pensar en su propia vida. Piense en llegar a ser más semejante a un siervo . . . piense en cosas como la humanidad transparente, la humildad genuina y la sinceridad absoluta. El mensaje principal de este capítulo es que debemos ser reales; ser lo que realmente somos. Luego, permita que Dios desarrolle dentro de usted el estilo de servicio que le cuadre.

Hace algún tiempo tropecé con un libro para niños que contenía un mensaje para adultos. El capítulo principal del libro se refiere a un conejo de estopa, completamente brillante y nuevo, que pasa por el proceso de llegar a ser "real", es decir, de llegar a ser más que un juguete colocado en un anaquel. Mientras lucha con esos sentimientos iniciales de incomodidad (como tal vez usted esté luchando con el concepto del verdadero siervo), entra en conversación con un caballito de estopa, viejo, desgastado, bien usado y muy amado. Por el hecho de que el diálogo entre estos dos dice tan claramente lo que he estado tratando de decir en este capítulo, considero que sirve como conclusión apropiada y necesaria.

> El caballito de piel había vivido más tiempo en la guardería que cualquiera de los otros juguetes. Era tan viejo que su cubierta de color castaño se le había pelado a parches, y debajo se le veían las costuras. Ya le habían arrancado la mayor parte de las cerdas de la cola para hacer collares con abalorios. Este caballo era sabio, pues había visto una larga sucesión de juguetes mecánicos que llegaban jactándose y contoneándose, y con el tiempo se les rompía el resorte principal y fallecían; y él sabía que ésos eran sólo juguetes, y nunca se convertirían en ninguna otra cosa. Pero lo que sucede en la guardería es muy extraño y maravilloso, y sólo aquellos juguetes viejos, sabios y experimentados, como el caballito de piel, entienden todo esto.
>
> —¿Qué es lo *real*? —le preguntó un día el conejo, cuando los dos yacían el uno junto al otro cerca del guardafuegos de la chimenea, antes que llegara la Nana a arreglar el cuarto—. ¿Significa tener adentro las cosas que zumban y una manija sobresaliente?
>
> —Lo real no es la manera como fuiste hecho —contestó el caballito de piel—. Es algo que le ocurre a uno. Cuando un niño te ame a ti durante un larguísimo tiempo, no sólo porque quiere jugar contigo, sino porque *realmente* te ama, entonces llegarás a ser real.
>
> —¿Eso duele? —preguntó el conejo.
>
> —Algunas veces —respondió el caballito de piel, pues siempre decía la verdad—. Cuando tú eres real no te importa que te duela.
>
> —¿Sucede eso instantáneamente como cuando te dan cuerda, o poco a poco? —preguntó.
>
> —No sucede instantáneamente —dijo el caballito de piel—. Tú llegas a ser real poco a poco. Se necesita un largo tiempo. Esa es la razón por la cual esto no les ocurre a las personas que se rompen fácilmente, o que tienen bordes filosos, o que hay que guardarlas con cuidado. Por lo general cuando tú llegues a ser real, ya te han arrancado por amor la mayor parte del pelo, te han sacado los ojos, se te han aflojado las coyunturas y te has vuelto andrajoso. Pero esto no importa en absoluto, pues cuando uno llega a ser real no puede ser feo, excepto para las personas que no entienden.[2]

2

Una defensa del altruismo

YO
MI
MIO
YO MISMO

Estas palabras se destacaron en letra negra. Parecía que estuvieran formando un enorme monumento. Cada letra estaba esculpida en el granito. En la base de este extraño "monumento" había centenares, tal vez millares, de personas con los brazos levantados, como si estuvieran adorando en un altar. Y luego, en la parte inferior de la caricatura, en letras muy pequeñas, aparecía la siguiente leyenda: "El culto religioso de los americanos".

Por los lados, alrededor de este cuadro, había cuatro afirmaciones populares que se usan en anuncios comerciales bien conocidos:

"Haga usted lo que quiera".
"Hágase usted mismo un favor".
"Usted tiene una deuda consigo mismo".
"Usted merece algo bueno hoy".[1]

Esas frases nos hieren en lo íntimo. Esa clase de cosas *realmente* duele. Se debe al hecho de que son tan terriblemente ciertas. Sin embargo, constantemente aplaudimos la filosofía en que se destacan las palabras yo, mi, mío y yo mismo. Lo hacemos de manera sutil y también abiertamente. Hacemos que los libros que se refieren al tema del egoísmo se conviertan en éxitos de librería al comprarlos por millones. Colocamos a las personas talentosas sobre un pedestal y en forma secreta (o pública) adoramos ante sus altares. Y hacemos todo esfuerzo para "satisfacernos a nosotros mismos" a toda costa. Admitámoslo: la nuestra es una era de vulgar egoísmo. La era del yo. Y nos sentimos sumamente incómodos aun cuando Dios comienza a hacernos demandas. Al fin y al cabo, ¡este asunto de una total entrega a la causa de Cristo debe mantenerse dentro de sus límites adecuados!

Adornadas con tonos de sarcasmo similares están las palabras siguientes de Wilbur Rees:

> Me gustaría comprar tres dólares de Dios, por favor; una cantidad que no sea suficiente para hacer explotar mi alma ni para perturbar mi sueño, sino que equivalga a un vaso de leche caliente o a una siesta bajo el sol. No quiero tanto de él que me obligue a amar a los negros ni a recoger remolachas con los labradores. Quiero éxtasis, no transformación; quiero el calor del vientre, no el nuevo nacimiento. Quiero medio kilogramo de lo eterno en una bolsa de papel. Me gustaría comprar tres dólares de Dios, por favor.[2]

Así es la situación. Nuestro "yo" no quiere abandonar a Dios por completo; sólo queremos mantenerlo a prudente distancia que nos permita sentirnos cómodos. Tres dólares de él es suficiente. Una bolsa llena, nada más. Sólo lo suficiente como para que mi sentimiento de culpa se mantenga por debajo del nivel del dolor, sólo lo suficiente como para que me garantice el escape de las llamas eternas. Pero ciertamente, no tanto como para que me mantenga nervioso . . . no tanto como para que comience a inmiscuirse en mis prejuicios o a reprocharme mi estilo de vida. *¡Suficiente es suficiente!*

UNA PERSPECTIVA ADECUADA

Ahora, antes que lleguemos demasiado lejos, necesitamos hacer un par de afirmaciones para aclarar el asunto. En primer lugar, tener una buena estima de uno mismo no es lo mismo que ser egoísta. Si no tenemos una fe vigorosa en nosotros mismos, fácilmente nos debilitamos y nos lisiamos en la vida. No se debe confundir una imagen débil que uno tenga de sí mismo con la humildad como característica del siervo. De hecho, sin un saludable ego, sin la confianza de que Dios está en nosotros, a nuestro lado, de que nos ayuda; nos convertimos en personas frágiles, improductivas, que fácilmente nos sentimos heridas.

Me encanta lo que la señora de Chuck Noll dijo acerca de su marido, quien es el entrenador del equipo de fútbol *Pittsburgh Steelers:* "El tiene un ego muy porfiado y fuerte, pero en cuanto a vanidad, no tiene en absoluto".[3]

No confundamos una estima fuerte y firme de uno mismo con el vano egoísmo. Estas dos cosas no son de ningún modo gemelas.

En segundo lugar, el hecho de llegar a ser cristianos no borra automáticamente la presencia del egoísmo. Eso ayuda, por supuesto, pero no es una panacea. Los cristianos aún tenemos que librar la batalla contra el orgullo. Los evangélicos tenemos la tendencia de ser exclusivos y presuntuosos, en vez de tener mente amplia y dispuesta a aceptar las cosas. Estamos orgullosos por el hecho de que tenemos las respuestas que otros no tienen. Nunca hemos llamado a eso orgullo, pero en lo profundo de nuestro ser nos sentimos más bien complacidos a causa de nuestros esquemas y diagramas de los complejos asuntos teológicos. Es fácil mirar con desprecio a los que no están informados como nosotros.

BASE BIBLICA

He tenido la experiencia de que, antes de dominar completamente cualquier problema necesito entenderlo tan bien como me sea posible, especialmente su origen. Para hacer esto con nuestro yo, tenemos que remontarnos a aquella antiquísima escena que se nos describe en los capítulos 2 y 3 del Génesis: el huerto de Edén. ¡Qué lugar tan excelente! Era indescriptiblemente bello y perfecto. Tenía una atmósfera libre de contaminación, un lujoso follaje, flores fragantes, agua cristalina. El comparar ese huerto con Tahití, haría que este último fuera como una pocilga. Y por encima de todo estaba la belleza física: había absoluta inocencia. No había pecado. Esto significa que Adán y Eva tenían una relación que estaba exenta de dificultades emocionales. El último versículo del capítulo 2 del Génesis comprueba eso: "Y estaban ambos desnudos, Adán y su mujer, y no se avergonzaban".

Estaban desnudos. No se cubrían. Estaban a la vista el uno del otro. Esto no sólo se refiere a lo físico, sino también a lo emocional. Eso explica por qué no se avergonzaban. La construcción sintáctica en hebreo sugiere que ellos no se avergonzaban "el uno del otro". Había una notable franqueza, una falta de timidez del uno en la presencia del otro. ¡El matrimonio ideal! Las discusiones, las acciones y toda la existencia de ellos no eran para defenderse, no estaban protegidas, eran absolutamente altruistas.

¿Cómo pudo ser así? No había pecado. Por tanto, no había egoísmo. Hasta que . . . .

Ya usted lo adivinó. Hasta que llegó el diablo con su oferta tentadora (lea Génesis 3:1-6), y desapareció la inocencia con sus agradables beneficios. ¿Y cuál fue el resultado?

> Entonces fueron abiertos los ojos de ambos, y conocieron que estaban desnudos; entonces cosieron hojas de higuera, y se hicieron delantales (3:7).

No pierda usted lo que el pasaje dice acerca de los ojos. Fueron *abiertos*. De repente se sobresaltaron al ver que estaban desnudos. Nos parece sorprendente, ¿no es verdad? Usted y yo no pudiéramos estar más conscientes de los momentos en que estamos desnudos. El solo hecho de tener un cierre relámpago medio abierto nos hace sonrojar.

Pero recuerde usted la diferencia. De repente, aquellos dos seres se sintieron *cohibidos*. Nunca antes habían tenido tales sentimientos. Usted y yo nunca hemos experimentado ninguna otra cosa. Lo que leemos en el relato del Génesis es el origen del conocimiento de nosotros mismos, de la preocupación por nosotros mismos y del egoísmo. Si usted continúa leyendo verá que inmediatamente ellos comenzaron a buscar satisfacerse a sí mismos.

> Y oyeron la voz de Jehová Dios que se paseaba en el huerto, al aire del día; y el hombre y su mujer se escondieron de la presencia de Jehová Dios entre los árboles del huerto (3:8).

Adán no ayudó a Eva. Ella tampoco se preocupó realmente por él. Los dos se ocuparon en coser una cubierta para cubrirse. Y (¿puede usted creerlo?) ellos intentaron esconderse de Dios. Por supuesto, ¡usted puede creerlo! Hasta el día de hoy es el juego favorito de la humanidad . . . aunque cada vez que lo jugamos salimos perdiendo.

> Mas Jehová Dios llamó al hombre, y le dijo: ¿Dónde estás tú? Y él respondió: Oí tu voz en el huerto, y tuve miedo, porque estaba desnudo; y me escondí (3:9, 10).

J. Grant Howard realiza un espléndido trabajo al describir el conflicto interno de estos dos individuos en el huerto. Notemos que ya habían comenzado a usar máscaras.

> Obligados a salir del escondite, Adán se para avergonzado delante de su Juez y masculla una respuesta. Estas son las primeras palabras que se registran de un pecador. Notemos cómo se comunica. El mezcla la verdad: "Tuve miedo", con la verdad a medias, "porque estaba desnudo". La plena verdad era que él había desobedecido a Dios y, por tanto, estaba consciente de su desnudez. El no fue sincero con Dios. Escondió su acto de desobediencia voluntariosa, en vez de confesarlo en forma abierta y sincera. Ya Adán no puede funcionar como una persona auténticamente completa.[4]

Al averiguar Dios más profundamente, Adán y Eva se defendieron cada vez más. Se lanzaron acusaciones el uno contra el otro, y luego acusaron a Dios.

"La mujer . . .".

"La mujer que me *diste* . . .".

"La serpiente . . .".

El patrón no ha cambiado, ¿verdad? Desde la escena original y a través de los siglos, la historia de la humanidad tiene las horribles manchas del egoísmo. Como no queremos ser auténticos, nos escondemos, negamos, mentimos, corremos, escapamos. ¡Cualquier cosa, menos decir toda la verdad! Y soltamos oprobios. Ridiculizamos, dominamos y criticamos. Destrozamos a las personas con nuestras palabras. Luego desarrollamos métodos para no admitir lo que hemos hecho.

"Yo no soy dogmático, simplemente estoy seguro de mí mismo".

"No es que juzgo, sino que discierno".

"No es que quiera discutir, simplemente estoy tratando de probar un punto".

"No soy terco, *¡simplemente tengo confianza en mí mismo!*"

Y todo esto va saliendo de nuestras bocas casi sin pensarlo. En caso de que usted viva engañado pensando que tenemos maneras suaves y bondadosas de lograr lo que queremos, observe lo que ocurre cuando hay tránsito pesado . . . o en la caja de pago del supermercado. ¡Lo que quiero decir es que atacamos por la vena yugular!

Hace un par de años, mi hijo mayor Curt y yo nos tomamos unos días y fuimos a subir los raudales del río Rogue en Oregón.

Fuimos con varios hombres de nuestra iglesia. ¡Eso fue magnífico! Mientras recibíamos instrucciones de parte del guía (el grupo era de unos 15), comencé a observar las canoas. Algunas eran viejas y estaban desgastadas, pero otras eran nuevas. Por causa del egoísmo, yo quise que Curt y yo consiguiéramos canoas nuevas . . . así que le susurré al oído:

—Curt, muévete hacia la izquierda.

—¿Por qué?

—Simplemente haz lo que te digo, hijo. Las dos canoas que están al fin son nuevas. Tomémoslas.

El cooperó. Y conseguimos dos canoas nuevas. Yo manejé el asunto de una manera tan cuidadosa que nadie ni siquiera se dio cuenta de lo que habíamos hecho. Las canoas viejas eran igualmente buenas . . . pero estaban viejas.

Y había un guía realmente ingenioso y profesional, además de otros novatos. Adivine usted cuál guía conseguimos. ¡Correcto! Yo me las arreglé de manera tan eficiente que terminamos en el grupo del profesional.

¿Por qué? Simple y llanamente, porque soy egoísta. Y para empeorar las cosas, ¡*yo también estaba enseñando a mi hijo a ser egoísta*! Dentro de un par de años o algo más, él habrá aprendido la lección al dedillo.

A propósito, al regresar al sitio de nuestro campamento al terminar el día, todos los 15 nos metimos como sardinas en lata en la vieja camioneta de carga. Todos estábamos muertos de cansancio. De repente, ¡pum! Explotó el neumático trasero de la derecha. Tuvimos que sacar todo el equipaje para poder sacar el neumático de repuesto. Luego, había que levantar con un gato esa bestia de camioneta. Fue un trabajo caluroso y sucio. Adivine usted quién dirigió el tránsito en vez de ayudar a cambiar el neumático. Según lo que recuerdo, no pasó ni un carro por aquella carretera rural durante el episodio.

Ahora, permítame decirle lo peor de todo, y lo digo con vergüenza. No fue sino hasta el día siguiente cuando me llegó a la mente que yo había actuado en forma egoísta en todo esto. ¡Y hablar de un punto ciego en la retina! Como usted ve, en la escuela aprendí a estar atento a mi *yo*. Esto lo perfeccioné en la Infantería de Marina y desarrollé métodos para llevarlo a cabo con real astucia en el seminario, cuando me preparaba para ser ministro. ¡Epa! Esta es la profesión en que un tipo puede salirse con la suya casi sin ser nunca criticado por ello . . . ¡aunque debiéramos ser criticados! ¿Pero quién en el mundo va a levantar su índice contra un clérigo? ¿Quién quiere tocar a "los ungidos de Dios" (nuestro título favorito), y arriesgarse a que le venga una lepra avanzada?

Pero mi egoísmo no comenzó en la escuela, ni en la Infantería de Marina, ni en el seminario. Yo, como usted, nací con una naturaleza caída. Es una enfermedad que nos afecta a todos nosotros. Ninguna persona ha vivido jamás en esta tierra completamente libre de tan horrible plaga, con excepción de uno. Eso es cierto. Desde Adán, sólo el Hijo de Dios, nacido de una virgen, fue inmune a la contaminación del pecado. Como fue impecable, vivió como ningún otro hombre haya vivido jamás. Habló como ningún otro hombre haya hablado jamás. Y como Maestro único, él cumplió un nuevo papel. El dio instrucciones que ningún instructor había dado jamás.

> Sabéis que los gobernantes de las naciones se enseñorean de ellas, y los que son grandes ejercen sobre ellas potestad. Mas entre vosotros no será así, sino que el que quiera hacerse grande entre vosotros será vuestro servidor, y el que quiera ser el primero entre vosotros será vuestro siervo; como el Hijo del Hombre no vino para ser servido, sino para servir, y para dar su vida en rescate por muchos (Mateo 20:25-28).

Nosotros, que nacimos con una naturaleza caída, no funcionamos de esa manera. La vida suya no funciona así. Esto se me hizo evidente de nuevo cuando observé a Leonard Bernstein, el famoso director de orquesta, en el momento de una ejecución una noche por la televisión. Recuerdo que durante un rato informal de discusión que hubo en el programa, un admirador le preguntó: "Señor Bernstein, ¿cuál es el instrumento más difícil de tocar?" El respondió con sutileza:

> El segundo violín. Yo puedo conseguir bastantes primeros violines, pero es un problema hallar uno que toque *segundo* violín con igual entusiasmo, o *segundo* corno francés, o *segunda* flauta. Y sin embargo, si nadie toca un segundo instrumento, no tenemos armonía.

Palabras sabias . . . ¡y ciertas!

Esa es una de las razones por las cuales Cristo fue tan diferente. El no sólo estimuló ese tipo de conducta, sino que sirvió de *modelo* continuamente. Basado en esto, Pablo pudo escribir:

> Nada hagáis por contienda o por vanagloria; antes bien con humildad, estimando cada uno a los demás como superiores a él mismo; no mirando cada uno por lo suyo propio, sino cada cual también por lo de los otros. Haya, pues, en vosotros este sentir que hubo también en Cristo Jesús (Filipenses 2:3-5).

¡Qué consejo tan diferente el que recibimos de los hombres! J. B. Phillips ilustra esto cuando altera las bienaventuranzas de la siguiente manera:

> Bienaventurados los arremetedores, porque ellos avanzan en el mundo.
>
> Bienaventurados los inflexibles, porque no permiten que la vida los lesione.
>
> Bienaventurados los que se quejan, porque ellos consiguen que se haga su propio capricho hasta el fin.
>
> Bienaventurados los indiferentes, porque ellos no se preocupan por sus pecados.
>
> Bienaventurados los que explotan a sus semejantes, porque ellos obtienen resultados.
>
> Bienaventurados los hombres bien informados del mundo, porque ellos saben por dónde van.
>
> Bienaventurados son los que causan problemas, porque así logran que la gente les preste atención.[5]

No, eso es precisamente lo opuesto de lo que nuestro Señor dijo originalmente. En términos sencillos, recuerde usted: él nos dijo que debemos servir y dar. Con esas palabras, él hizo una defensa de la vida altruista. Una defensa del hecho de que no debemos satisfacernos con sólo "tres dólares de Dios". No, eso no conviene a los siervos auténticos . . . no le conviene a su vida. A usted más bien le conviene estar dispuesto a entregar todo a él, para su gloria. Se dice que esto es "comprar la perla de gran precio".

Con un poco de imaginación santificada, un hombre ofrece el siguiente diálogo para ilustrar lo que significa el dejar todo nuestro ser en las manos de Dios de tal modo que quedemos libres para servir a otros:

> —¿Cuánto cuesta esta perla? Quiero tenerla.
> —Bueno —dirá el vendedor—, es muy cara.
> —Bien, pero, ¿cuánto cuesta? —insistimos.
> —Es muy, muy cara.
> —¿Piensa que podré comprarla?
> —Por supuesto. Cualquiera puede adquirirla.

—Pero, ¿es que no me acaba de decir que es muy cara?
—Sí.
—Entonces, ¿cuánto cuesta?
—Todo cuanto usted tiene —responde el vendedor.
Pensamos unos momentos. —Muy bien, estoy decidido, ¡voy a comprarla! —exclamamos.
—Perfecto. ¿Cuánto tiene usted? —nos pregunta—. Hagamos cuentas.
—Muy bien. Tengo cinco millones de pesos en el banco.
—Bien, cinco millones. ¿Qué más?
—Eso es todo cuanto poseo.
—¿No tiene ninguna otra cosa?
—Bueno . . . tengo unos pesos en el bolsillo.
—¿A cuánto ascienden?
Nos ponemos a hurgar en nuestros bolsillos. —Veamos, esto . . . cien, doscientos, trescientos . . . aquí está todo ¡ochocientos mil pesos!
—Estupendo. ¿Qué más tiene?
—Ya le dije. Nada más. Eso es todo.
—¿Dónde vive? —me pregunta.
—Pues, en mi casa. Tengo una casa.
—Entonces la casa también —me dice mientras toma nota.
—¿Quiere decir que tendré que vivir en mi remolque?
—Ajá, ¿con que también tiene un remolque? El remolque también. ¿Qué más?
—Pero, si se lo doy entonces tendré que dormir en mi automóvil.
—¿Así que también tiene un auto?
—Bueno, a decir verdad tengo dos.
—Perfecto. Ambos coches pasan a ser de mi propiedad. ¿Qué otra cosa?
—Mire, ya tiene mi dinero, mi casa, mi remolque, mis dos autos. ¿Qué otra cosa quiere?
—¿Es solo? ¿No tiene a nadie?
—Sí, tengo esposa y dos hijos . . . .
—Excelente. Su esposa y niños también. ¿Qué más?
—¡No me queda ninguna otra cosa! Ahora estoy solo.
De pronto el vendedor exclama: —Pero, ¡casi se me pasa por alto! *Usted.* ¡Usted también! Todo pasa a ser de mi propiedad: esposa, hijos, casa, dinero, automóviles y también usted.
Y enseguida añade: —Preste atención, por el momento le voy a permitir que use todas esas cosas pero no se olvide que son mías y que usted también me pertenece, y que toda vez que necesite cualquiera de las cosas de que acabamos de hablar debe dármelas porque yo soy el dueño.
Así ocurre cuando se es propiedad de Jesucristo.[6]

Eso es lo que significa llegar a un acuerdo con la condición de siervo. Un concepto sumamente duro, ¿verdad? Sí, duro . . . pero ahora sabemos por qué.

¿Recuerda usted el monumento?

YO
MI
MIO
YO MISMO

Desde ahora hasta el fin de este libro, vamos a asaltar ese monumento. Vamos a poner toda la atención a lo que significa ser diferente.

No uno que recibe, sino uno que da.

No uno que guarda rencor, sino uno que perdona.

No uno que guarda apuntes, sino uno que olvida.

No un superestrella, sino un siervo.

Si usted está dispuesto a invertir más que la mayoría . . . si realmente desea más de tres dólares de Dios, entonces continúe leyendo. Usted va a pasar un rato magnífico.

3

El siervo como un dador

A mí me encanta la definición que de los filósofos daba uno de mis profesores de griego ocasionalmente. Es clásica:

> ¡Los filósofos son personas que hablan acerca de algo que no entienden, y nos hacen pensar que si no entendemos, es por culpa nuestra![1]

Hay muchos filósofos, y la mayoría de ellos logran más confundir que ayudar. Es interesante que los que son suficientemente claros para poderlos entender, por lo general terminan enfocando la atención en el individuo. Consideremos lo que dicen algunos de ellos:

> Grecia dijo: "Sé sabio, ¡conócete a ti mismo!"
> Roma dijo: "Sé fuerte, ¡disciplínate a ti mismo!"
> La religión dice: "Sé bueno, ¡confórmate!"
> El epicureísmo dice: "Sé sensual, ¡disfruta de la vida!"
> La educación dice: "Sé ingenioso, ¡expande tu mente!"
> La sicología dice: "Ten confianza. ¡Haz valer tus derechos!"
> El materialismo dice: "Satisfácete, ¡complácete a ti mismo!"
> El orgullo dice: "Sé superior, ¡promuévete a ti mismo!"
> El ascetismo dice: "Sé humilde, ¡reprímete a ti mismo!"
> El humanismo dice: "Sé competente, ¡cree en ti mismo!"
> El legalismo dice: "Sé piadoso, ¡limítate a ti mismo!"
> La filantropía dice: "Sé generoso, ¡renuncia a ti mismo!"

¿NO HAY ALGUNA MANERA MEJOR?

Todo es usted mismo, usted mismo, usted mismo. ¡Hasta este punto todo tiene que ver con el yo! Haga algo *para* usted mismo, o *consigo* mismo, o *a* usted mismo. ¡Qué diferente es el modelo y el mensaje de Jesús! Allí no hay "filosofía", ni nada de volver los ojos hacia nosotros mismos. El, más bien, ofrece una invitación nueva y muy necesaria a nuestra generación en la cual el yo es primero. Hay un camino mejor. Jesús dice: "¡Sea usted un siervo, dé a los demás!" Ahora bien, ésa es una filosofía que cualquiera puede entender. Y sin duda se puede alcanzar. Simplemente, lea usted:

> Nada hagáis por contienda o por vanagloria; antes bien con humildad, estimando cada uno a los demás como superiores a él mismo; no mirando cada uno por lo suyo propio, sino cada cual también por lo de los otros (Filipenses 2:3, 4).

¿Sabe usted lo que significa todo esto? Bueno, para los que están comenzando no significa nada. La palabra "*nada*" sólo significa eso. ¡Deje usted de permitir que dos fuertes tendencias: el egoísmo y la vanidad, lo controlen! Que ninguna de estas tendencias le dé la posibilidad de ganar un juicio. Reemplácelas por una mente humilde. ¿Pero cómo? Considerando que los demás son más importantes que usted mismo. Busque usted maneras de ayudar, estimular, edificar y animar a la otra persona. Para eso se requiere una actitud que prefiere dar que recibir.

La humildad de mente es realmente una actitud, ¿no es cierto? Es una forma de pensar preestablecida que determina por adelantado pensamientos como los siguientes:

- "Yo me preocupo por los que me rodean".
- "¿Por qué siempre tengo que ser el primero? Para que haya un cambio, voy a ayudar a alguna persona a fin de que gane".
- "Hoy tengo el sincero deseo de contener mis propias y crueles tendencias competitivas, y dedicar esa energía a animar por lo menos a otra persona".
- "Voluntariamente renuncio hoy a mi manera de ser, Señor; muestra cómo responderías tú a otras personas, y luego haz que eso ocurra en mí".

¿ES BIBLICO TODO ESTO?

Ahora, antes que nos sumerjamos en este estilo de vida altruista, necesitamos determinar si en realidad se promueve en la Escritura. ¿La Biblia en realidad estimula ampliamente una clase de vida como ésta? Permitiré que usted mismo determine la respuesta.

Para ahorrar espacio, limitemos nuestros pensamientos a sólo unos pocos pasajes del Nuevo Testamento. Piense usted, mientras los va leyendo lentamente . . . y no pierda ni una sola línea.

> Amaos los unos a los otros con amor fraternal; en cuanto a honra, prefiriéndoos los unos a los otros. En lo que requiere diligencia, no perezosos; fervientes en espíritu, sirviendo al Señor; gozosos en la esperanza; sufridos en la tribulación; constantes en la oración; compartiendo para las necesidades de los santos; practicando la hospitalidad (Romanos 12:10-13).

> Porque no nos predicamos a nosotros mismos, sino a Jesucristo como Señor, y a nosotros como vuestros siervos por amor de Jesús (2 Corintios 4:5).

> Porque el amor de Cristo nos constriñe, pensando esto: que si uno murió por todos, luego todos murieron; y por todos murió, para que los que viven, ya no vivan para sí, sino para aquel que murió y resucitó por ellos (2 Corintios 5:14, 15).

> Porque vosotros, hermanos, a libertad fuisteis llamados; solamente que no uséis la libertad como ocasión para la carne, sino servíos por amor los unos a los otros (Gálatas 5:13).

> Antes fuimos tiernos entre vosotros, como la nodriza que cuida con ternura a sus propios hijos. Tan grande es nuestro afecto por vosotros, que hubiéramos querido entregaros no sólo el evangelio de Dios, sino también nuestras propias vidas; porque habéis llegado a sernos muy queridos . . . Por lo cual, animaos unos a otros, y edificaos unos a otros, así como lo hacéis (1 Tesalonicenses 2:7, 8; 5:11).

> Y considerémonos unos a otros para estimularnos al amor y a las buenas obras (Hebreos 10:24).

Y usted recordará el pasaje que citamos en el capítulo 1 de este libro:

> Y estuve entre vosotros con debilidad, y mucho temor y temblor; y ni mi palabra ni mi predicación fue con palabras persuasivas de humana sabiduría, sino con demostración del Espíritu y de poder, para que vuestra fe no esté fundada en la sabiduría de los hombres, sino en el poder de Dios (1 Corintios 2:3-5).

Todas estas palabras (y hay muchas más) tienen un sonido

raro, ¿no es verdad? De hecho, algunos que las leen pudieran entender mal y pensar que estoy defendiendo el complejo de inferioridad. Para bien de usted, es necesario citar un par de pasajes bíblicos más:

> Y pienso que en nada he sido inferior a aquellos grandes apóstoles . . . Me he hecho un necio al gloriarme; vosotros me obligasteis a ello, pues yo debía ser alabado por vosotros; porque en nada he sido menos que aquellos grandes apóstoles, aunque nada soy (2 Corintios 11:5; 12:11).

Ahí está el equilibio que estamos buscando. La auténtica humildad no debe confundirse de ningún modo con la incompetencia ni con la falta de estima propia. En realidad, se duda que alguien que esté luchando con una mala imagen de sí mismo pueda dar a otros de manera correcta y adecuada. La inferioridad y el altruismo no pueden coexistir . . . en el sentido verdadero en que Cristo describió el altruismo.

¿CUALES SON LOS ELEMENTOS BASICOS?

Ahora, cuando hemos colocado el fundamento bíblico del verdadero servicio, es importante que busquemos algunos asideros relacionados con lo que implica el llevar esto a cabo. Para comenzar, permítame usted sugerir tres ingredientes básicos: *dar, perdonar* y *olvidar*. Tan pronto como usted y yo decidamos poner en práctica la verdad de Filipenses 2:3, 4 (de interesarnos especialmente en los demás), o la de Gálatas 5:13 (de servir a otros con amor), comenzarán a surgir estos tres elementos básicos. En vez de estar pensando siempre en recibir, comenzaremos a buscar maneras de dar. En vez de mantener rencores contra los que nos han ofendido, nos afanaremos por perdonar. Y en vez de llevar la cuenta de lo que hemos hecho, o de las personas a quienes hemos ayudado, nos deleitaremos en olvidar las obras y en que virtualmente nadie se dé cuenta de lo que estamos haciendo. Disminuirá la significación del deseo de reconocimiento público.

En los siguientes dos capítulos estudiaremos los últimos dos ingredientes, pero para establecer un equilibrio en este capítulo, representémonos al siervo como *dador* . . . el que prontamente, con disposición y generosidad da, para que otros puedan recibir el beneficio y crecer.

¿COMO DEBEN DAR LOS SIERVOS?

En vez de saltar de pasaje bíblico en pasaje bíblico, fijemos nuestra atención en 2 Corintios capítulo 8. Este gran capítulo bíblico tiene un interesante transfondo. Pablo, el escritor, está haciendo una colecta de dinero para los hermanos necesitados de la congregación de Jerusalén. Mientras él viaja por Europa, específicamente por la región de la antigua Macedonia, anuncia la necesidad de los hermanos de Jerusalén. El hecho de que Macedonia ya era una región económicamente deprimida agrega significación a todo el episodio. Para Pablo, Macedonia era algo muy parecido a lo que es la India para nosotros. Eso hubiera sido como animar a los habitantes de los Apalaches a enviar una ayuda a los que están sufriendo en los barrios bajos de Nueva York. Hoy sería muy extraño decir: "Ustedes que dependen de la beneficencia pública . . . ¡den a los que dependen de la beneficencia pública!"

Pero el hecho más notable fue que ¡*ellos dieron*! Los cristianos de Macedonia, que estaban económicamente oprimidos, se preocuparon tanto por sus hermanos de Jerusalén que no tenían suficiente dinero para satisfacer sus necesidades, que *realmente* dieron. Estudiemos más de cerca y de manera más extensa lo que ellos hicieron.

> Asimismo, hermanos, os hacemos saber la gracia de Dios que se ha dado a las iglesias de Macedonia; que en grande prueba de tribulación, la abundancia de su gozo y su profunda pobreza abundaron en riquezas de su generosidad. Pues doy testimonio de que con agrado han dado conforme a sus fuerzas, y aun más allá de sus fuerzas, pidiéndonos con muchos ruegos que les concediésemos el privilegio de participar en este servicio para los santos. Y no como lo esperábamos, sino que a sí mismos se dieron primeramente al Señor, y luego a nosotros por la voluntad de Dios (2 Corintios 8:1-5).

¡Qué tremendo pasaje bíblico! Hallo varias maneras en las que aquellos cristianos demostraron una auténtica condición de siervos en su manera de dar. Cuando nosotros damos como siervos, se verifican las mismas cosas en nosotros.

De manera anónima

Específicamente, no se menciona ni una iglesia. Simplemente se hace referencia a "las iglesias de Macedonia". Ni siquiera se destaca un individuo. A ninguno se le erigieron posteriormente estatuas de bronce en Jerusalén, ni se grabaron en mármol los nombres de los supersantos, ni se registraron los nombres en un libro para que otros los vieran y se admiraran de ellos. Una gran prueba del verdadero siervo es su *anonimato*.

Una de mis poetisas preferidas es Ruth Harms Calkin. Ella expresa este pensamiento muy bien en un poema que tituló: "Me pregunto":

> Tú sabes, Señor, cómo te sirvo
> con gran fervor emocional
> cuando estoy en público.
> Sabes con cuánto anhelo hablo de ti
> en el club de mujeres.
> Sabes cuán ferviente soy al promover
> una fraternidad.
> Conoces mi entusiasmo genuino
> en el estudio bíblico.
>
> Pero cómo reaccionaría, me pregunto,
> si me señalaras una vasija de agua
> y me dijeras que lavara los callosos pies
> de una anciana doblada y arrugada,
> día tras día,
> mes tras mes,
> en un cuarto donde nadie me viera,
> donde nadie lo supiera.[2]

Permitamos que nos penetren las palabras finales: ". . . donde nadie me viera, donde nadie lo supiera". Cuando practicamos el arte de la vida altruista, preferimos permanecer anónimos. De hecho, la mayoría de las personas de las cuales yo sé que poseen un corazón de siervo, se avergüenzan grandemente cuando se dan a conocer con alabanzas sus nombres.

Generosamente

¿Captó usted algo más de lo que dijo Pablo acerca de estos santos macedonios que tenían corazón de siervos? Cuando ellos dieron "abundaron" en el proceso. Intencionalmente y con sacrificio, dieron "más allá de sus fuerzas". Me encanta la manera como lo expresa el escritor. La ofrenda de ellos hizo que brotara una generosidad con sacrificio. No había tacaños entre ellos. ¡Qué alentador!

Ahora, al aplicar este pasaje a la manera como dan los verdaderos siervos, entendamos que dar envuelve mucho más que el dinero. Ciertamente así es. Incluye entregarnos nosotros mismos . . . nuestro tiempo, nuestra energía, nuestro cuidado y compasión, en ocasiones, aun nuestras pertenencias. ¡Y qué necesidad hay de este rasgo en las filas de la humanidad hoy! Sin embargo, es muy raro hallarlo. Nos aferramos tan fuertemente a nuestros bienes que pasamos la mayor parte de nuestra vida adulta con nudillos blancos. A menudo me pregunto por qué. Ciertamente no podemos llevarnos nada. ¡Nunca he visto una carroza fúnebre en marcha al cementerio con las posesiones del difunto!

Me viene a la mente el nombre de Onesíforo. Este hombre fue una vez modelo de generosidad a tal punto que Pablo, cuando estaba esperando la muerte, recordó la ayuda de él. Leamos lo que dijo el apóstol:

> Tenga el Señor misericordia de la casa de Onesíforo, porque muchas veces me confortó, y no se avergonzó de mis cadenas, sino que cuando estuvo en Roma, me buscó solícitamente y me halló. Concédale el Señor que halle misericordia cerca del Señor en aquel día. Y cuánto nos ayudó en Efeso, tú lo sabes mejor (2 Timoteo 1:16-18).

¿No se dio usted cuenta de unos selectos términos descriptivos? Onesíforo "muchas veces" confortó al anciano apóstol que estaba preso; "solícitamente" lo buscó hasta hallarlo. Esas son palabras que indican gran intensidad, real determinación y anhelo. El amigo de Pablo fue realmente un siervo generoso. El no pudo haberse preocupado menos por las muchas dificultades que se presentaron para hallarlo. ¡Prosiguió en la búsqueda!

Alexander Whyte, el perspicaz predicador de Edimburgo, Escocia, y escritor de biografías, escribió las siguientes palabras conmovedoras acerca de Onesíforo:

> Pablo pudo ser el más grande de los apóstoles para Onesíforo, y puede ser todo eso y mucho más para usted y para mí; pero para el soldado que estaba encadenado a la mano derecha de Pablo, sólo era "el número tal o cual". Usted no hubiera podido distinguir a Pablo de un desconocido presidiario en nuestros propios establecimientos penales. Pablo era simplemente "el número 5", o "el número 50", o "el número 500", o cualquier número. Por

tanto, Onesíforo fue de un cuartel de prisiones a otro, buscando a Pablo día tras día, semana tras semana, a menudo insultado, amenazado, maltratado y detenido, hasta quedar en libertad nuevamente, sólo después de gran sufrimiento y de muchos gastos. Hasta que, al fin, se dieron el abrazo con Pablo, y los dos viejos se besaron y lloraron ante el asombro de todos los prisioneros que veían la escena. ¡Noble corazón el de Onesíforo! Nos inclinamos ante ti.[3]

En verdad, nos inclinamos. Onesíforo fue la clase de siervo que más necesitamos: generoso hasta el sacrificio. Y hay más.

Voluntariamente

En 2 Corintios 8, se nos dice que los macedonios también dieron voluntariamente, no porque alguien que estaba detrás de ellos los obligó a hacerlo. Pablo escribe:

> Pues doy testimonio de que con agrado han dado conforme a sus fuerzas, y aun más allá de sus fuerzas, pidiéndonos con muchos ruegos que les concediésemos el privilegio de participar en este servicio para los santos (2 Corintios 8:3, 4).

Un poco después, en esta misma epístola, el apóstol de la gracia estimula este espíritu de voluntaria espontaneidad en nuestras dádivas:

> Cada uno dé como propuso en su corazón: no con tristeza, ni por necesidad, porque Dios ama al dador alegre (2 Corintios 9:7).

Esto se parece a lo que Pedro les dice a los pastores, ancianos y otros líderes cristianos:

> Apacentad la grey de Dios que está entre vosotros, cuidando de ella, no por fuerza, sino voluntariamente; no por ganancia deshonesta, sino con ánimo pronto; no como teniendo señorío sobre los que están a vuestro cuidado, sino siendo ejemplos de la grey (1 Pedro 5:2, 3).

¡Qué gran consejo! Si es verdad que los mejores líderes son verdaderos siervos (y estoy convencido de que lo son), entonces, una de las mejores maneras de dirigir al pueblo hacia un espíritu dispuesto consiste en servir de modelo. Eso envuelve acciones como extender la mano sin que nadie lo invite a uno, y darse cuenta de que alguien pasa por sufrimientos sin que nadie se lo diga.

Marion Jacobsen, en su magnífica obra titulada *Crowded Pews and Lonely People* (Bancos apiñados y gente solitaria), menciona a un muchacho de primer grado llamado Billy, cuyo compañero Jim había perdido a su padre en un accidente de tractor. Billy oraba por Jim todos los días. Un día, cuando Billy bajaba las escaleras de la escuela, vio a Jim, y decidió acercarse a él.

> —¿Cómo te va?
> —Bien.
> —¿Sabías que he estado orando por ti desde el día de la muerte de tu papá? —le preguntó Billy.
> El otro muchachito se detuvo, miró directamente a Billy, le agarró una mano y lo llevó hacia atrás del edificio de la escuela. Allí le habló francamente.
> —¿Sabes? Mentí cuando te dije que estoy bien. No estoy bien. Tenemos dificultades con las vacas y con las máquinas. Mi mamá no sabe qué hacer. Pero yo no sabía que tú estabas orando por mí.[4]

Esto nos demuestra que muchas personas están sufriendo, pero no sienten libertad para decirlo hasta que voluntariamente nos acerquemos a ellas.

Echemos una última mirada a 2 Corintios 8. Hay una característica más que no queremos pasar por alto. Los siervos de Macedonia primero *se dieron a sí mismos*, y luego dieron sus ofrendas.

Personalmente

Esta es una señal reveladora del auténtico dar de un siervo. Es imposible entregarnos a otros que estén a prudente distancia o ausentes. La participación personal es esencial, no incidental, y por lo general abarca la adaptación de nuestras maneras y programas para que cuadren con las necesidades de otra persona. Tal participación personal, sin embargo, manifiesta ciertamente la autenticidad de nuestras palabras.

Hace bastante tiempo, un joven que yo conocía hacía varios años expresó su interés en vivir en nuestra casa y recibir disciplina en el contexto de nuestra familia. El me aseguró vez tras vez: "Yo realmente quiero ayudar en cualquier manera que usted o su esposa puedan necesitarme. La única razón por la cual hago esto es para servir. Sólo quiero ser un siervo, Charles".

Cynthia, nuestros hijos y yo hablamos ampliamente sobre este asunto. Decidimos hacer la prueba . . . así que se mudó a vivir entre nuestra tribu el señor Siervo con su familia. Nosotros teníamos cuatro niños, un perro, dos marmotas, un conejo y un garaje que tenía capacidad para tres carros y estaba lleno de trebejos. No pasó mucho tiempo para que comprendiéramos que aquellas palabras: "Sólo quiero ser un siervo", eran sólo palabras. Vez tras vez surgieron conflictos por cuanto se resistía a hacer lo que le pedíamos. Casi no había ocasión en que nosotros sugiriéramos que algo se hiciera de cierto modo, y en que él no ofreciera otra solución. Lo que comenzó como un plan para jugar al altruismo (yo tuve que haber oído la declaración: "Sólo quiero ser un siervo" unas 50 veces), finalmente dio como resultado acalorados desacuerdos, lo cual nos desanimó mucho. Las palabras salen fácilmente, pero el hecho de *ser* una persona que genuina y personalmente se da a otros exige una abundante provisión de flexibilidad. Darnos al Señor y a los demás es mucho más que hacer declaraciones verbales.

Según estos primeros cinco versículos de 2 Corintios 8, el servicio auténtico exige que las personas tengan una pasión de dar *lo que sea*, sin esperar reconocimiento, sin reservas, y sin restricción. ¡Individuos de esa clase en verdad son raros!

¿CUANTO NOS CUESTA DAR?

¿Recuerda usted la filosofía radical de Jesús que sugerí al comienzo de este capítulo? "Sea un siervo, dé a los demás". La base de tal afirmación está oculta en Lucas 9:23:

> Y decía a todos: Si alguno quiere venir en pos de mí, niéguese a sí mismo, tome su cruz cada día, y sígame.

La decisión de seguir a Cristo como discípulo suyo es costosa y altruista. Exige un examen radical de nuestro estilo de vida que es egocéntrico. ¡Vaya! Esa es otra de aquellas cosas fáciles de decir, pero difíciles de llevar a la práctica. Veamos si yo puedo quebrar este asunto en pequeños trozos, de tal modo que no nos atragantemos. Si miramos detenidamente la declaración de Jesús, hay un par de cosas que parecen importantes. En primer lugar, los que desean seguirlo tienen que llegar a un acuerdo con *la negación de sí mismos.* Y en segundo lugar, esta decisión de entregarnos a otros (de tomar nuestra cruz) tiene que ser una práctica *diaria.*

Eso es algo costoso, terriblemente costoso.

Si volvemos a leer en 2 Corintios 8:1-5, los principios relacionados con dar, y yo creo que realmente debemos leerlos, entonces no es difícil ver algunas preguntas que tenemos que hacernos y contestarlas, como las siguientes:

- ¿Hablo en serio cuando me refiero a seguir en pos de Jesucristo?
- ¿Pienso en los demás a tal punto que la negación de mí mismo está llegando a ser la regla, y no la excepción en mi vida?
- ¿Mi andanza con él es una práctica *diaria*?

Cómo hacer una completa evaluación de sí mismo

Esto nos vuelve a llevar a 2 Corintios 8. Después que Pablo termina de describir el altruismo de los creyentes macedonios (versículos 1-5), se dirige a los corintios y los exhorta:

> Por tanto, como en todo abundáis, en fe, en palabra, en ciencia, en toda solicitud, y en vuestro amor para con nosotros, abundad también en esta gracia. No hablo como quien manda, sino para poner a prueba, por medio de la diligencia de otros, también la sinceridad del amor vuestro (2 Corintios 8:7, 8).

Una completa evaluación de sí mismo es uno de los requisitos para seguir a Jesús de cerca. Los corintios *abundaban* en visión, en dones espirituales, en conocimiento, en celo y aun en amor. Pero Pablo les dice, entonces, que abunden también en generosidad. ¡Que sean dadores! ¡Que sean personas que sobresalgan en *altruismo*! Este es un consejo oportuno para nuestra generación . . . y merece que lo investiguemos por completo.

Esto me hace recordar de una situación real que recientemente oí por radio. En West Palm Beach, Florida, murió una mujer sola a la edad de 71 años. Fue conmovedor el informe de la investigación policial: "Causa de la muerte: *malnutrición*". La ancianita había perdido unos 23 kilogramos. Los investigadores que la hallaron dijeron que el lugar donde ella vivía era una verdadera pocilga, la confusión más grande que uno pueda imaginar. Un inspector policial declaró que él nunca había visto una residencia más desordenada.

Esta mujer había mendigado alimentos por las puertas de atrás de las casas de sus vecinos, y la ropa que tenía se la había provisto el Ejército de Salvación. Según todas las apariencias, era una indigente que se había aislado, una viuda olvidada y digna de compasión. Pero tal no era el caso.

Entre el revoltijo de sus desarregladas pertenencias, se hallaron dos llaves que condujeron a los funcionarios policiales al descubrimiento de que ella tenía depósitos en dos bancos locales. Lo que ellos descubrieron fue absolutamente increíble. Las llaves correspondían a dos cajas de seguridad en dichos bancos.

La primera contenía más de 700 certificados de ahorro, más otros centenares de otros valores, bonos y seguros financieros . . . para no mencionar la pila de dinero en efectivo, que casi llegaba a 200.000 dólares. En la segunda caja no había certificados de ahorro, sólo había más dinero en efectivo, mucho, *para ser exactos*, 600.000 dólares. Además del valor neto de las dos cajas, las autoridades descubrieron que ella tenía en su poder más de un millón de dólares. Charles Osgood informó a través de la radio Columbia Broadcasting System, que esta herencia probablemente irá a parar a manos de una sobrina lejana, o de un sobrino, ninguno de los cuales soñaba que ella tuviera ni un centavo en su cuenta. Sin embargo, ella fue una millonaria que quedó rígidamente muerta, víctima del hambre en una humilde choza muy lejos de aquí.

Hace varios años, realicé un funeral para un hombre que había muerto sin familia ni amigos. Lo único que tenía era un perro . . . al cual dejó toda su fortuna: unos 76.000 dólares.

Necesitamos investigar nuestro propio deseo de poseer, nuestra tendencia a acumular, a aferrarnos a las cosas, en vez de invertirlas en las vidas de otros.

El cumplimiento del compromiso

Hay otro costo, igualmente riguroso. Cuando Pablo continúa con su instrucción a los corintios, vemos que emerge claramente:

> Porque ya conocéis la gracia de nuestro Señor Jesucristo, que por amor a vosotros se hizo pobre, siendo rico, para que vosotros con

> su pobreza fueseis enriquecidos. Y en esto doy mi consejo; porque esto os conviene a vosotros, que comenzasteis antes, no sólo a hacerlo, sino también a quererlo, desde el año pasado. Ahora, pues, llevad también a cabo el hacerlo, para que como estuvisteis prontos a querer, así también lo estéis en cumplir conforme a lo que tengáis (2 Corintios 8:9-11).

Como usted ve, ellos habían comenzado ese proyecto un año antes que él escribiera. Sin duda estaban llenos de entusiasmo, con la emoción de un comienzo animador. Pero con el correr del tiempo, la novedad había desaparecido. La motivación espontánea a dar se había convertido en una triste carrera que se arrastraba hacia adelante lentamente.

Lo que Pablo les dice es lo siguiente: "Llévenlo a cabo. Ustedes hicieron la promesa de participar, de dar, de ayudar; ¡ahora, cumplan el compromiso!"

Parece emocionante eso de llegar a ser un individuo *dador*. Pero cuesta algo. Exige cambio, y ningún cambio significativo comienza jamás sin motivación ni celo.

¿Quiere usted una ilustración vívida? La dieta. ¡La sola palabra nos trae horribles recuerdos! Especialmente cuando agrego ejercicios y trote. ¿Quién no ha tenido esa experiencia? Finalmente nos enfermamos y nos cansamos de nuestra carne flácida. Es entonces cuando los cierres comienzan a desprenderse, los botones saltan, el carro se inclina peligrosamente hacia un lado cuando entramos, la báscula en que nos pesamos, cuando hundimos el botón, dispara una tarjetita que dice: "Uno por uno, por favor".

Comprensiblemente, nos reímos de la continua batalla de Erma Bombeck con su silueta. Tal vez usted recuerde que ella fue la que dijo algo como esto: "No le voy a decir a usted lo que peso, pero cuando me mido la circunferencia y luego subo a la báscula, tendría que ser una secoya de 30 metros de altura".

Está bien, vamos a adelgazar. Con el nuevo entusiasmo que nos provee el fervor, compramos el valor de 60 dólares en zapatos para gimnasia, un par de pantalones para ejercicios de trote que cuestan 85 dólares, nos hacemos miembros de un club atlético (otros 350 dólares), y volvemos a leer ese desdichado librito titulado *Calcule sus calorías*, que compramos por allá en la mitad de la década que comenzó en el 1970. ¡Así vamos a perder 15 kilogramos!

El primer día comenzamos como un relámpago. Salimos a la carretera y corremos como si nos estuviéramos quemando. Bajamos el consumo de calorías a 700 por día. ¡Con esfuerzo tragamos pan tostado, queso fabricado con leche desnatada, tomates rebanados y huevos cocidos! Merendamos con cosas que tienen el gusto del alpiste y sorbemos té amargo hasta que pensamos que nos van a venir náuseas. Al tercer día, ya estamos tan adoloridos que sólo podemos trotar media cuadra . . . así que nos levantamos más tarde. La temporada de la Navidad trae muchas tentaciones, en las que caemos, . . . y finalmente comemos vorazmente. En menos de un mes, nos parecemos a un dirigible. Y cuando sentimos la necesidad de hacer ejercicio otra vez, nos quedamos quietecitos, sin hacer nada, hasta que el impulso se va.

Es costoso cumplir cualquier compromiso. Yo quiero asegurarle a usted que llegar a ser un siervo que da y da a los demás no es una excepción. En comparación, lo de la dieta nos parece una delicia.

AL FIN Y AL CABO, ¿VALE LA PENA DAR?

Permítame usted animarlo, sin embargo, a pesar del alto costo de dar y del reducido número de siervos modelos que usted puede ver a su alrededor, a que usted decida ser diferente. Dios nos dice que él "ama al dador alegre" (2 Corintios 9:7); y nos promete que "el ojo misericordioso será bendito" (Proverbios 22:9). ¡Creamos lo que él dice! Yo sé que en lo más profundo de muchos cristianos hay un deseo profundamente asentado de entregar, en vez de guardar . . . de dar en vez de sujetar. *Cueste lo que cueste*, vale la pena permitir que eso comience a ocurrir. Madres, padres, solteros, muchachos, maestros, predicadores, hombres de negocios, profesionales, obreros, estudiantes: ¡vale la pena! Hágase usted un dador . . . y observe cómo Dios abre los corazones de otros hacia él mismo. Nunca nos parecemos tanto a Dios como cuando damos.

Poco después que terminara la Segunda Guerra Mundial, Europa comenzó la labor de recuperación. Gran parte del antiguo continente había sido devastado por la guerra y se hallaba en ruinas. Tal vez lo más triste de todo era ver a aquellos pequeños huérfanos que morían de hambre en las calles de las ciudades que habían sido destruidas por la guerra.

Una fría mañana, muy temprano, un soldado norteamericano iba de regreso a su cuartel en Londres. Al virar su "jeep" en una esquina, alcanzó a ver a un muchachito que tenía la nariz puesta en la ventana de una pastelería. Adentro, el panadero estaba amasando la masa para una nueva hornada de buñuelos. El hambriento muchachito miraba en silencio, observaba cada movimiento. El soldado acercó el jeep a la acera, se detuvo, salió y caminó tranquilamente hacia donde estaba parado el muchachito. A través de la ventana empañada pudo ver los bocados apetitosos cuando eran retirados del horno caliente. Al muchachito se le hizo agua la boca y dio un pequeño gemido al ver que el panadero los colocaba en el mostrador encerrado en vidrio, siempre con mucho cuidado.

Cuando el soldado se colocó al lado del huérfano, su corazón se conmovió por el desconocido muchachito.

—Hijo, . . . ¿te gustaría comerte algunos de ésos?

El muchachito se sorprendió.

—¡Ah, sí . . . me gustaría!

El soldado entró y compró una docena, los colocó en una bolsa y regresó a donde se hallaba el muchachito en el frío neblinoso de la mañana londinense. Sonrió, le entregó la bolsa y simplemente le dijo: —Aquí los tienes.

Al dar la vuelta para apartarse, sintió que alguien le tiraba del saco. Volvió a mirar y oyó que el niño le preguntaba apaciblemente: —Señor, . . . *¿es usted Dios?*

Nunca somos tan parecidos a Dios como cuando damos.

"Porque de tal manera amó Dios al mundo, que ha dado . . .".

4

El siervo como perdonador

El perdón no es un asunto electivo en el programa del servicio. Por supuesto, se exige, y los exámenes son difíciles de aprobar.

Hace varios años viajé a la Escuela Evangélica de Divinidad Trinity en busca de un pastor ayudante. En el proceso de entrevistar a cierto número de hombres, conocí a un seminarista que nunca olvidaré. Según resultaron las cosas, yo no lo seleccioné a él para que acudiera a la iglesia en el verano, pero su sensibilidad a las cosas de Dios me dejó sumamente impresionado. Aunque era joven e inexperto, su espíritu era tierno y habló con delicadeza. Era obvio que el Señor estaba obrando profundamente en su vida. Las características del corazón de un siervo eran claramente visibles en él, tanto que yo traté de descubrir por qué. Entre otras cosas, él relató una historia increíble y verdadera que ilustraba cómo Dios lo estaba moldeando y formándolo a través de uno de los más duros "exámenes de perdón". La siguiente es su historia, según lo mejor que puedo recordar. Lo llamaré Aarón, aunque no es su nombre real.

Cuando estaba para terminar una primavera, él le estaba pidiendo a Dios que le diera un ministerio significativo para el siguiente verano. El le pidió a Dios que le concediera una posición para comenzar en el personal de alguna iglesia o de alguna organización cristiana. No ocurría nada. Llegó el verano, y nada. Pasaron días y semanas, y Aarón finalmente se enfrentó a la realidad: él necesitaba *cualquier* trabajo que pudiera hallar. El revisó las ofertas de trabajo en los periódicos y lo único que vio como posibilidad de trabajo consistía en conducir un autobús en un sector de la ciudad de Chicago . . . no era nada de lo cual pudiera jactarse, pero eso le ayudaría a pagar la pensión en el siguiente otoño. Luego de estudiar la ruta, quedó por su propia cuenta: un conductor novato en un sector peligroso de la ciudad. Muy pronto comprendió Aarón que su trabajo era *realmente* peligroso.

Una pequeña pandilla de muchachos pendencieros descubrieron que él era novato, y comenzaron a aprovecharse de él. Durante varias mañanas seguidas se subieron al autobús, y pasaban por el lado de él sin pagarle, no atendían las advertencias de él, y seguían en el vehículo hasta que decidían bajarse . . . y durante todo el trayecto hacían comentarios desfavorables sobre él y las otras personas que iban en el autobús. Al fin, él decidió que ya los había tolerado lo suficiente.

La mañana siguiente, después que la pandilla se subió como de costumbre, Aarón vio a un policía en la siguiente esquina. Se detuvo y le informó la falta que se estaba cometiendo. Los muchachos pagaron . . . pero, infortunadamente, el policía no siguió en el autobús. Ellos sí continuaron. Cuando el autobús cruzó una o dos esquinas más adelante, la pandilla asaltó al conductor.

Cuando él volvió en sí, tenía sangre en toda la camisa, le faltaban dos dientes, tenía ambos ojos inflamados, su dinero había desaparecido y el autobús estaba vacío. Al regresar a la terminal, se le dio libre el fin de semana. Nuestro amigo se fue a su pequeño apartamento, se lanzó a la cama y con incredulidad se quedó mirando el cielo raso. Pensamientos de resentimiento le bullían en la mente. La confusión, la ira y la desilusión agregaban combustible al fuego de su dolor físico. Pasó una noche inquieta luchando con su Señor.

> ¿Cómo puede ocurrirme esto? En todo esto, ¿dónde está Dios? Genuinamente quiero servirle. Oré para que me diera un ministerio. Estaba dispuesto a servirle en cualquier parte, en cualquier cosa . . . ¡y *éste* es el agradecimiento que recibo!

El lunes por la mañana, Aarón decidió presentar la denuncia.

Con la ayuda del policía que le había hecho frente a la pandilla y con la de varias personas que estuvieron dispuestas a dar testimonio contra los bandoleros, la mayoría de éstos fueron detenidos y llevados a la cárcel local. A los pocos días hubo una audiencia ante el juez.

Entró Aarón al tribunal con su abogado, y también entraron los miembros de la airada pandilla, que miraban a Aarón a través de la sala de audiencias. De repente lo asaltó toda una serie de nuevos pensamientos. ¡No eran pensamientos amargos, sino de compasión! Su corazón se conmovió por los muchachos que lo habían atacado. Bajo el control del Espíritu Santo, ya no los pudo odiar. Tuvo compasión de ellos. Ellos necesitaban ayuda. No necesitaban más odio. ¿Qué podría él hacer o decir?

De repente, después que se había presentado una acusación de culpabilidad, Aarón (para sorpresa de su abogado y de todos los que estaban presentes en el tribunal) se puso de pie, y solicitó que se le concediera hablar.

> Su Señoría, me gustaría que usted totalizara todos los días de castigo que les corresponden a estos jóvenes, todo el tiempo que indique la sentencia, y solicito que el tribunal me permita ir a la cárcel en lugar de de ellos.

El juez no sabía qué hacer. Los dos abogados quedaron atolondrados. Cuando Aarón miró a los miembros de la pandilla (cuyas bocas y ojos parecían como platillos), él sonrió y apaciblemente les dijo: —Eso quiere decir que los perdono.

El atónito juez, cuando volvió a lograr la compostura, dijo con voz más bien firme: —Joven, usted está fuera de orden. ¡Nunca antes se ha hecho esto!

A lo que el joven respondió con ingenioso discernimiento: —¡Ah, sí se ha hecho, su Señoría, sí se ha hecho! Ocurrió hace 19 siglos cuando un hombre de Galilea pagó el castigo que le correspondía a toda la humanidad.

Y luego, durante los tres o cuatro minutos siguientes, sin interrupción, explicó que Jesucristo había muerto por nosotros, con lo cual nos había provisto el amor de Dios y el perdón.

No se le concedió la petición, pero el joven visitó a los miembros de la pandilla en la cárcel, condujo a la mayoría de ellos a los pies de Cristo y comenzó un ministerio significativo para muchos otros individuos como ellos en el sur de Chicago.

El aprobó un examen difícil. Y, como resultado, se le abrió

una gran puerta para el ministerio: precisamente lo que había pedido en oración. A través del dolor que sentía por el abuso y el asalto, Aarón se dio cuenta de que ése era un asidero para servir a otros.

¡Perdonar (de igual manera que dar) es algo que mejora nuestro servicio!

EL PERDON DE DIOS PARA NOSOTROS

Cuando emprendemos el estudio de un tema de esta amplitud, es necesario limitar nuestros pensamientos al perdón horizontal, sin analizar el perdón vertical. Pero en vez de pasar por alto por completo este último, tal vez debo explicar su significado. Realmente, lo que hace posible que perdonemos a los demás es el perdón que Dios nos ha concedido.

Cuando Jesucristo pagó plenamente en la cruz la sentencia que nos correspondía por nuestros pecados, la ira de Dios se expresó contra él, contra el que tomó nuestro lugar. Por ese sacrificio trascendental, Dios quedó satisfecho . . . y concedió que todos los que acudieran al Hijo de Dios con fe, fueran perdonados totalmente una vez por todas. La sangre de Cristo nos limpió de nuestros pecados. Desde el momento en que creemos en él, estamos perdonados, libres de culpa, ante un Dios que está satisfecho, y que así queda en libertad para derramar sobre nosotros su gracia y amor.

¿Recuerda usted la estrofa de aquel gran himno que la iglesia cristiana ha cantado durante años?

> Mi pecado, ¡qué bendito es el glorioso pensamiento!,
> de que mi pecado, no parcial, sino total,
> está clavado en la cruz, ya no está sobre mí.
> ¡Alaba al Señor, alaba al Señor, alma mía![1]

Esa estrofa lo dice muy bien, pero no tan bellamente como el canto del más antiguo de todos los himnarios: el libro de los Salmos:

> Bendice, alma mía, a Jehová,
> Y bendiga todo mi ser su santo nombre.
> Bendice, alma mía, a Jehová,
> Y no olvides ninguno de sus beneficios.
> El es quien perdona todas tus iniquidades,
> El que sana todas tus dolencias;

> El que rescata del hoyo tu vida,
> El que te corona de favores y misericordias;
> El que sacia de bien tu boca
> De modo que te rejuvenezcas como el águila.
>
> No ha hecho con nosotros conforme a nuestras iniquidades,
> Ni nos ha pagado conforme a nuestros pecados.
> Porque como la altura de los cielos sobre la tierra,
> Engrandeció su misericordia sobre los que le temen.
> Cuanto está lejos el oriente del occidente,
> Hizo alejar de nosotros nuestras rebeliones
> (Salmo 103:1-5, 10-12).

Aarón ayudó a que la pandilla de Chicago entendiera eso. Finalmente fue poca la dificultad que tuvieron para entender lo que Cristo realizó en la cruz a favor de ellos. Pero lo que ellos no pudieron entender en ese tiempo fue que Aarón nunca hubiera podido hacer eso a favor de ellos, en sentido horizontal, si no hubiera sido por lo que Cristo ya había hecho a favor de Aarón, en sentido vertical. Mientras no aceptemos *y apliquemos* el perdón infinito y completo de Dios, a nuestro favor, no podremos poner en práctica las cosas que menciono en este capítulo.

EL PERDONARNOS LOS UNOS A LOS OTROS

No pasará mucho tiempo sin que cualquiera que se ponga serio con respecto a servir a otros llegue también a un acuerdo en lo que se refiere a perdonar a otros. Sí, *tenemos que hacerlo.* Como ya lo dije, éste es un requisito en el programa del siervo. Puesto que éste es un tema que aparece comúnmente, me parece útil dividirlo en partes manejables, que tengan asidero del cual yo pueda agarrarme.

Sólo dos posibilidades

Cuando a una persona se le ha hecho un mal, sólo hay dos posibilidades. Pero, si nosotros somos los ofensores o los ofendidos, el primer movimiento siempre nos corresponde a nosotros. El verdadero siervo no lleva cuentas. El principio general está establecido en Efesios 4:31, 32, donde leemos:

> Quítense de vosotros toda amargura, enojo, ira, gritería y maledicencia, y toda malicia. Antes sed benignos unos con otros, misericordiosos, perdonándoos unos a otros, como Dios también os perdonó a vosotros en Cristo.

Esas palabras constituyen un bello resumen de todo el tema del perdón. Indican cómo vivir con clara conciencia y así estar libres para servir. Y observe usted que se nos recuerda que nosotros perdonamos a otros . . . como Dios nos perdonó "en Cristo" (vertical). Pero tenemos que ser aún más específicos. Analicemos ambos lados de la moneda del perdón.

Cuando usted ofende

En Mateo 5:23, 24 se nos describe, en pocas palabras, la correcta respuesta y el procedimiento que se debe seguir cuando hemos hecho algo malo y, en consecuencia, hemos ofendido a alguien.

> Por tanto, si traes tu ofrenda al altar, y allí te acuerdas de que tu hermano tiene algo contra ti, deja allí tu ofrenda delante del altar, y anda, reconcíliate primero con tu hermano, y entonces ven y presenta tu ofrenda.

Esta escena es clara. En el tiempo de Jesús, una persona ha llegado para adorar. En ese tiempo, en concordancia con la ley judía y con la costumbre, los adoradores llevaban animales o aves para el sacrificio. El animal se mataba delante de Dios, y así proveía purificación del pecado y un camino de acceso abierto a la oración. Hoy, la persona cristiana simplemente acude al Padre en oración. De cualquier modo, el adorador de repente es asaltado por un pensamiento del cual no puede escapar: la dolorosa comprensión de que ha ofendido a alguna persona. En palabras de Jesús: ". . . te acuerdas de que tu hermano tiene algo contra ti". ¿Qué hacer entonces?

¡Deténgase! No pase por alto esa revelación. No recurra a la oración, aunque ésa sea su primera reacción. Dios más bien quiere que seamos sensibles a su tranquilo impulso.

En el versículo 24 se nos dice que hagamos cuatro cosas:

1. Detenernos: "deja allí tu ofrenda . . .".
2. Ir: "anda . . .".
3. Reconciliarnos: ". . . reconcíliate primero . . .".
4. Regresar: ". . . entonces ven y presenta tu ofrenda . . .".

El término clave es el verbo *reconciliar.* Viene de una raíz verbal griega que significa *alterar, cambiar.* Cuando se le antepone un prefijo al verbo significa *a través de.* Dicho esto en otros términos equivalentes, se nos ordena pasar por un proceso que dará como resultado un cambio. Claramente, el *ofensor* es el que inicia la acción.

Una autoridad digna de confianza define esta palabra (reconciliar) de una manera más bien vívida: "Cambiar la enemistad por la amistad . . . con lo cual se produce una mutua concesión en lugar de una mutua hostilidad".[2] Otro la define: "Tratar de que el hermano enojado renuncie a su enemistad . . .".[3]

Tales definiciones sólo necesitan muy poca clarificación. Debemos ir (personalmente es lo ideal, pero si no es posible, entonces se debe llamar por teléfono o enviar una carta) ante la persona ofendida, confesarle el mal que le hemos hecho y manifestarle que nos duele haberle hecho esa ofensa, y pedirle que nos perdone. *Entonces* quedamos en libertad para acudir a Dios, adorarlo y orar.

¿Pero qué ocurriría si la persona ofendida no perdona? ¡Buena pregunta! Lo importante es que yo recuerde que soy responsable de *mí mismo* y que usted recuerde que es responsable de *sí mismo.* Con el motivo correcto, el espíritu correcto, en el tiempo correcto, por obediencia a Dios, debemos humillarnos (recuerde usted que lo que estamos desarrollando es la verdadera condición de siervos), e intentar arreglar las cosas. Dios premiará nuestros esfuerzos. Tal vez la persona ofendida necesite tiempo, en primer lugar, para salir del *shock*, y luego, para permitir que Dios produzca un cambio en su propio corazón. La sanidad algunas veces necesita tiempo. Ocasionalmente necesita mucho.

¿Y qué, si la situación sólo empeora? Esta es otra buena pregunta que se hace con frecuencia. Esto ocurre. Como usted ve, la persona ofendida ha estado todo el tiempo echándole la culpa a usted, clavándole alfileres mentalmente . . . pensando toda clase de cosas malas de usted. Cuando acude a arreglar las cosas con dicha persona, de repente hace que la balanza interna de tal individuo pierda el equilibrio. Le quita la culpa que él le echaba a usted, y lo único que queda es la culpa de la misma persona, lo cual produce su efecto en ella, y esto da como resultado sentimientos peores. Pero ahora, ya no es falta de usted. ¿Quiere alguna ilustración? Ahí están el rey Saúl y el joven David. En caso de que no recuerde la historia, el joven David se convirtío en una amenaza para el paranoico monarca. No importaba cuánto se esforzara el joven por ganarse de nuevo el favor de Saúl, las cosas sólo empeoraban. Se necesitaron *años* para que el atribulado rey comprendiera que David era sincero en los esfuerzos que hacía para arreglar las cosas. Repito que Dios puede necesitar algún tiempo para comunicarse.

¿Qué ocurriría si yo decido arreglar esto solamente delante de Dios, sin pasar por el problema y la vergüenza de hablar con el otro individuo? Haríamos *cualquier cosa* para hacer que las cosas fueran más fáciles, ¿no es verdad? Bueno, en primer lugar, ésa es una voluntariosa contradicción del mandamiento. Ya tenemos lo que Jesús dijo: *¡Deténgase, vaya, reconcíliese y vuelva!* El hecho de no ir es desobediencia directa. Eso también puede dar como resultado que las cosas empeoren.

Supongamos que el próximo domingo por la mañana estoy saliendo con mi automóvil del estacionamiento de su iglesia. Al retroceder le doy un golpe por el lado a su bello y nuevo carro *Mercedes Benz*. ¡Se oye un crujido! Usted está aprovechando los momentos después del culto para hablar con unos amigos, cuando oye el ruido. El estómago le da un vuelco cuando ve que yo salgo del auto, veo el daño . . . y luego inclino la cabeza para orar:

> Querido Señor, por favor, perdóname por ser tan despreocupado y torpe. Y, por favor, cuando Juan vea este daño que le he hecho por pura negligencia, dale gracia. Y provéele lo necesario cuando lleve su carro a reparar. Gracias, Señor. Amén.

Al retirarme conduciendo mi automóvil, me despido con un movimiento de las manos y una gran sonrisa, mientras grito por la ventanilla: "¡Todo está arreglado, Juan! Yo arreglé el daño delante del Señor. *¡Qué maravillosa es la gracia!*"

Dígame, ¿cómo le cae esto a usted? Yo tengo más bien mis fuertes dudas de que esto de repente pudiera poner las cosas en magníficas condiciones, no importa cuán sincera pudiera haber sido mi oración. Usted y yo sabemos que eso no haría ningún bien.

Cuando yo era muchacho, en mi iglesia solíamos cantar un pequeño coro que parecía muy piadoso y correcto. De hecho, a menudo terminábamos nuestras reuniones de jóvenes formando un círculo, agarrándonos las manos y entonando este canto con los ojos cerrados:

Si he ofendido a algún alma hoy,
si he hecho que algún pie se extravíe,
si he andado en mi propio camino caprichoso,
querido, Señor, ¡perdóname![4]

Ahora yo cuestiono el mensaje de ese canto que parecía tan agradable. Las personas ofendidas permanecen heridas. Y el Salvador no dice: "Simplemente ora, y yo te perdonaré". Lo que en realidad dice es lo siguiente: "¡Deja de orar hasta que hayas arreglado las cosas que tienes pendientes!" Esa es la parte del "examen de perdón" que es difícil pasar.

Hagamos una pregunta final, antes de pasar al otro lado de la moneda: "¿Y qué ocurre si me es imposible reconciliarme por cuanto la persona que ofendí ya murió?" Obviamente, usted no puede hacer contacto con los muertos. Es imposible que el individuo muerto lo oiga, pero la conciencia de usted aún lo molesta. Sólo en esos casos recomiendo que comparta su carga de culpabilidad con alguien en quien pueda confiar: un amigo íntimo, su compañero, su consejero o su pastor. Sea específico y completamente franco. Ore en compañía de ese individuo, y confiese abiertamente el mal que hizo y la culpa que siente en su alma. En tales casos, y sólo en ésos, la oración y la presencia de un individuo comprensivo y que lo apoye proveerán el alivio que necesita tan desesperadamente.

Después que David hubo matado indirectamente a Urías, el marido de Betsabé, su culpa fue enorme. El adulterio y la hipocresía, encima del asesinato, casi lo liquidan. Si quiere conocer la profundidad de su desdicha, lea el Salmo 32:3, 4:

Mientras callé, se envejecieron mis huesos
En mi gemir todo el día.
Porque de día y de noche se agravó sobre mí tu mano;
Se volvió mi verdor en sequedades de verano.

Finalmente, cuando todo se le vino encima, cuando rompió su hipócrita silencio y buscó el perdón de Dios, ya Urías no estaba allí para oír su confesión. Había muerto hacía casi un año. Pero David no estaba solo. Usted recordará que un profeta llamado Natán estaba allí. Y cuando el rey quebrantado derramó su alma: "Pequé contra Jehová . . .", Natán le respondió inmediatamente las siguientes palabras de afirmación: "También Jehová ha remitido tu pecado; no morirás" (2 Samuel 12:13).

Cuando usted haya sido la causa de la ofensa, es decir, cuando es el ofensor, tenga el corazón de un siervo. Deténgase, vaya, reconcíliese y regrese.

Cuando usted es el ofendido

Pasemos ahora a Mateo 18:21-35, el mismo libro, el mismo Maestro, un tema similar, pero un estilo y un marco completamente diferente de Mateo 5, pasaje en el cual Jesús presentó un monólogo para comunicar a sus discípulos un gran número de cosas. El tocó cada una de ellas de manera más bien general; todas grandes verdades . . . pero muchos temas. En el capítulo 18, más bien está empeñado en un diálogo para tratar a profundidad la correcta respuesta hacia alguien que nos ofenda. En vez de vaciar toda la carga sobre usted, permítame presentarle estos versículos por partes.

En primer lugar, la pregunta del discípulo:

> Entonces se le acercó Pedro y le dijo: Señor, ¿cuántas veces perdonaré a mi hermano que peque contra mí? ¿Hasta siete? (Mateo 18:21).

Una pregunta muy buena e importante. ¿Cuál es el límite que le debemos poner al perdón? Pedro se sentía magnánimo ese día, pues el promedio corriente (según los rabinos) era tres veces.[5] A los judíos se les instruía a perdonar una vez, perdonar dos veces . . . y una tercera vez, pero de ahí en adelante, basta. Pedro dobló esa cantidad y luego, para que la medida fuera buena, agregó un bono de uno.

Ahora, vemos la respuesta del Señor:

> No te digo hasta siete, sino aun hasta setenta veces siete (Mateo 18:22).

Obviamente, el Señor no estaba hablando en sentido literal. "¿Creerías tú que 490 veces sería bueno, Pedro?" No, eso no. Lo que él hizo fue sugerir un número *infinito* de veces. *Ilimitado.* Imagino que tal pensamiento fue como un viento que se llevó a los discípulos. Sin duda alguna, ellos estimularon a Jesús para que diera mayores detalles. De ahí que el Señor les dio una parábola con una culminación ingeniosa. Lea usted la historia con mucho cuidado, preferiblemente en alta voz y de manera lenta.

> Por lo cual el reino de los cielos es semejante a un rey que quiso hacer cuentas con sus siervos. Y comenzando a hacer cuentas, le

> fue presentado uno que le debía diez mil talentos. A éste, como no pudo pagar, ordenó su señor venderle, y a su mujer e hijos, y todo lo que tenía, para que se le pagase la deuda. Entonces aquel siervo, postrado, le suplicaba, diciendo: Señor, ten paciencia conmigo, y yo te lo pagaré todo. El señor de aquel siervo, movido a misericordia, le soltó y le perdonó la deuda. Pero saliendo aquel siervo, halló a uno de sus consiervos, que le debía cien denarios; y asiendo de él, le ahogaba, diciendo: Págame lo que me debes. Entonces su consiervo, postrándose a sus pies, le rogaba diciendo: Ten paciencia conmigo, y yo te lo pagaré todo. Mas él no quiso, sino fue y le echó en la cárcel, hasta que pagase la deuda. Viendo sus consiervos lo que pasaba, se entristecieron mucho, y fueron y refirieron a su señor todo lo que había pasado. Entonces, llamándole su señor, le dijo: Siervo malvado, toda aquella deuda te perdoné, porque me rogaste. ¿No debías tú también tener misericordia de tu consiervo, como yo tuve misericordia de ti? Entonces su señor, enojado, le entregó a los verdugos, hasta que pagase todo lo que le debía (Mateo 18:23-34).

Para este momento, probablemente usted ha comenzado a pensar en función del perdón vertical y del perdón horizontal. El perdón vertical se ve claramente en los versículos 23 al 27. Esa era una deuda increíble (alrededor de 10.000.000 de dólares) que exigía un perdón infinito. El rey proveyó ese perdón (lea otra vez el versículo 27); una bella manera de recordar el perdón de Dios para el pecador.

El perdón horizontal se ve en los versículos 28-34. Ese mismo siervo, a quien se le acababa de perdonar una deuda increíble, se volvió hacia un consiervo que le debía *menos de 20 dólares*, y lo asaltó. Cuando el rey supo acerca de esta violenta reacción, se puso furioso. ¡Quiero decir que quedó fuera de sí! Y la confrontación que siguió fue comprensivamente severa.

Hay un par de cosas que surgen de la última parte del relato, y que nos ofrecen algunas razones por las cuales debemos perdonar a otros.

1. Negarnos a perdonar es hipocresía. Veamos de nuevo los versículos 32 y 33.

> Entonces, llamándole su señor, le dijo: Siervo malvado, toda aquella deuda te perdoné, porque me rogaste. ¿No debías tú también tener misericordia de tu consiervo, como yo tuve misericordia de ti?

Puesto que nosotros hemos recibido la máxima misericordia, ¿quiénes somos para exigir de repente justicia de los demás? La compasión que Dios (quien en la parábola está representado por el rey) demuestra a nuestro favor, demanda que hagamos lo mismo con los demás. Cualquier cosa que sea menos es completamente hipócrita.

2. El hecho de negarnos a perdonar nos inflige un tormento interno. ¿Recuerda usted cómo termina la narración? Es sumamente significativa. "Entonces su señor, enojado, le entregó a los verdugos, hasta que pagase todo lo que le debía".

"Bueno", dirá usted, "eso es sólo una parábola. No podemos recalcar todos los puntos y decir que cada pequeño detalle se aplica a nosotros". Admito eso, pero en este caso, no es un *pequeño* detalle. Es el punto culminante, el clímax de todo el relato. ¿Cómo puedo yo decir eso? Porque el versículo 35 no es parte de la parábola. Es una declaración que Jesús hizo después de terminar el relato. Es su aplicación penetrante de toda la parábola a este asunto de perdonar a otros.

El acompañó su instrucción en esta sombría advertencia: "Así también mi Padre celestial hará con vosotros si no perdonáis de todo corazón cada uno a su hermano sus ofensas".

Francamente, ésta es una de las verdades más importantes que Dios jamás me haya dado a entender en relación con las consecuencias de tener un espíritu no perdonador. Cuando Jesús dice: "Así también mi Padre celestial hará con vosotros . . .", se refiere a las últimas palabras de la parábola, que dicen:

> Entonces su señor, enojado, le entregó a los verdugos, hasta que pagase todo lo que le debía.

Esta no es una narración ficticia, como la de Barba Azul, quien torturó a otros detrás de una puerta secreta. No, Jesús dice que Dios personalmente permitirá que los que se niegan a perdonar a otros sean torturados por los verdugos.

¿Qué significa eso? La raíz etimológica griega de la cual se tradujo nuestra palabra "verdugos", es un verbo que significa *atormentar*. ¡Qué pensamiento tan aterrador! Cuando por primera vez vi que esto estaba tomando forma en mi mente, me resistí a ello. Pensé: "No, ¡eso es demasiado cruel!" Pero cuanto más indagaba tanto más claro se me hacía el asunto.

El mismo término se usa para describir a un individuo que sufre, que está "postrado" (Mateo 8:6). Y se usa para describir la desdicha de un hombre que está "atormentado" en el infierno, cuando ruega que se le conceda alivio (Lucas 16:23, 24). Cuando en 2 Pedro 2:8 leemos acerca de un hombre llamado Lot, que estaba rodeado y oprimido por la conducta de hombres inicuos, leemos que "afligía (atormentaba) cada día su alma justa . . .". Es el mismo término. El dolor, la agonía y el tormento son todos parte de esta experiencia de tortura.

Pero en Mateo 18:34, 35, Jesús se refiere a "verdugos", o atormentadores. Usa un nombre sustantivo, y no un verbo. Lo que él quiere decir es que el que se niega a perdonar, el cristiano que alberga resentimientos, sentimientos amargos hacia los demás, será entregado a pensamientos torturantes, sentimientos de desdicha, a un agonizante desasosiego interno. Un magnífico expositor explica eso de la manera siguiente:

> Estas son unas palabras maravillosas para describir lo que nos ocurre cuando no perdonamos a otro. Es una descripción exacta de un resentimiento y una amargura que corroen, la horrible hiel del odio o la envidia. Es un sentimiento terrible. No podemos escaparnos de él. Sentimos fuertemente esta separación de otros, y cada vez que pensamos en ellos, internamente sentimos el ácido del resentimiento y del odio que carcome nuestra paz y nuestra calma. Estos son los verdugos que nuestro Señor dice que se encargarán de los que no perdonan.[6]

¿Y quién no ha tenido que soportar tales sentimientos? Es una de las horribles consecuencias de *no* perdonar a los que nos ofenden. No importa quien sea: uno de sus padres o de sus familiares, su pastor o su ex pastor, un amigo íntimo que se levantó contra usted, algún maestro injusto, un socio comercial que le estafó . . . aun el que fue o la que fue su cónyuge. Yo me encuentro con muchos divorciados que han sido entregados "a los verdugos" precisamente por esta razón. Créame, no vale la pena tanta desdicha. ¡Debemos perdonar como hemos sido perdonados! Debemos liberarnos del veneno de toda esa amargura . . . que salga a borbollones delante de Dios, y declaremos el sincero deseo de ser libres. Este es uno de los pasos principales que cada uno de nosotros tiene que dar para llegar a ser el modelo de siervo de Dios.

COMO HACER QUE ESTO SUCEDA

Hay suficiente en este capítulo como para que nos mantenga

pensando (y perdonando) durante varias semanas. Pero hay un par de asuntos específicos que debemos considerar antes de seguir adelante.

En primer lugar, *concéntrese plenamente en el perdón de Dios para usted.* No se apresure en este paso. Piense cuán inmensa, cuán amplia, es la misericordia que él le ha extendido a usted. Como Aarón, el joven estudiante del seminario, tuvo que hacerlo en la sala del tribunal aquel día. Como lo hizo David cuando escribió el Salmo 103. El se expresó específicamente. ¿Recuerda usted?

> Bendice, alma mía, a Jehová,
> Y no olvides ninguno de sus beneficios.
> El es quien perdona todas tus iniquidades,
> El que sana todas tus dolencias;
> El que rescata del hoyo tu vida,
> El que te corona de favores y misericordias;
> El que sacia de bien tu boca
> De modo que te rejuvenezcas como el águila.
>
> No ha hecho con nosotros conforme a nuestras iniquidades,
> Ni nos ha pagado conforme a nuestros pecados.
> Porque como la altura de los cielos sobre la tierra,
> Engrandeció su misericordia sobre los que le temen.
> Cuanto está lejos el oriente del occidente,
> Hizo alejar de nosotros nuestras rebeliones
> (Salmo 103:2-5, 10-12).

Medite usted en eso en su vida. Aplíquese personalmente estas palabras, cambiando las palabras *tus, tu, nosotros, nuestras* por los términos *mi* y *mis.* Piense en la profundidad de la misericordia de Dios . . . en las deudas que él bondadosamente le perdonó a usted. La medida en que se le dará la capacidad para perdonar a otros será la misma en que comprenda el perdón que Dios le dio a usted mismo.

Luego, *haga frente directa y sinceramente a cualquier resentimiento que actualmente tenga contra cualquier persona.*

Ese es un examen riguroso. Pero piense en la otra alternativa: tortura, sentimientos agonizantes, agitación interna, la enorme cantidad de energía emocional que usted quema y malgasta todos los días.

Tal vez esté dispuesto a llegar hasta cierto punto. Regateará con Dios y convendrá en perdonar, *pero no olvidar.* Ese es uno de los más deplorables errores que puede cometer un siervo que se está formando. Por el hecho de que el perdón limitado es como el amor condicional, es un pobre sustituto de lo genuino. En realidad no es perdón en absoluto.

Amy Carmichael lo dijo mejor cuando escribió las siguientes palabras:

> Si digo: "Sí, yo perdono, pero no puedo olvidar", como si el Dios que dos veces al día lava las arenas de todas las playas de todo el mundo, no pudiera lavar tales recuerdos de mi mente, entonces no sé nada del amor del Calvario.[7]

Esto es suficiente con respecto al perdón. Ahora necesitamos pensar en olvidar. Eso es lo que sigue. Si el perdón es el proceso por el cual Dios nos hace pasar para sanar las heridas internas . . . entonces el olvido sería la remoción de las feas cicatrices.

Y Dios puede incluso hacer eso.

5

El siervo como olvidador

"Yo perdono . . . pero *jamás* olvidaré". Decimos y oímos eso tantas veces que es fácil encogernos de hombros y decir que es "sólo natural". ¡Ese es el problema! Es la respuesta más natural que podemos esperar. No *sobrenatural.* Y también puede traer como resultado trágicas consecuencias.

La semana pasada leí acerca de dos hermanas solteras que vivían juntas, pero por causa de un desacuerdo no arreglado por un asunto insignificante, dejaron de hablarse la una a la otra (uno de los ineludibles resultados de negarse uno a olvidar). Puesto que no eran capaces o no estaban dispuestas a mudarse de su casita, continuaron usando las mismas habitaciones, comiendo en las mismas habitaciones, comiendo en la misma mesa, usando las mismas comodidades y durmiendo en el mismo dormitorio . . . completamente separadas, sin decirse ni una palabra. Una línea dibujada con tiza dividía el área de dormir en dos mitades, dividía las puertas en dos mitades y también la chimenea. Cada una entraba y salía, cocinaba y comía, cosía y leía, sin pisar nunca el territorio de su hermana. A través de la oscuridad de la noche, cada una oía a la otra respirando profundamente, pero a causa de que ninguna de las dos estaba dispuesta a dar el primer paso para perdonar y olvidar la absurda ofensa, coexistieron durante *años* en un triturante silencio.[1]

El hecho de negarse uno a perdonar *y a olvidar* conduce a

otras tragedias que son como monumentos al rencor. ¿Cuántas iglesias se dividen (a menudo por pequeñeces) para luego girar hacia otra dirección, fracturadas, astilladas y ciegamente obstinadas?

Después que presenté una conferencia bíblica una noche, cierta señora me dijo que ella y su familia habían estado viviendo en tiendas de campaña por todos los Estados Unidos de América. En sus viajes, ellos atravesaron un pueblo y pasaron por una iglesia que tenía un nombre que ella dijo que jamás olvidaría: *Iglesia Original de Dios, Número 2.*

Bien sea de manera personal o pública, nosotros damos a entender rápidamente si poseemos un corazón de siervo en la manera como respondemos a los que nos han ofendido. Y no es suficiente decir simplemente: "Bueno, está bien. Te perdono, ¡pero no esperes que lo olvide!" Eso significa que hemos erigido un monumento al rencor en nuestra mente, y eso no es perdón de ninguna manera. Los siervos tienen que ser personas magnánimas. Lo suficiente para seguir adelante, recordando lo bueno y olvidando lo malo. Hay que poner en práctica el antiquísimo proverbio: "Escriba las injurias en el polvo, y los beneficios en el mármol".[2] Como veremos, olvidar también incluye otras cosas, además de olvidar las ofensas: hacer cosas útiles a favor de otros, sin esperar recompensa . . . olvidarnos de nosotros mismos, en el sentido verdadero y noble de este término.

¿PUEDE LA MENTE OLVIDAR ALGUNA VEZ?

Mientras escribo estas palabras, me llega a la mente una pregunta: ¿Pueden realmente nuestras mentes *permitirnos* perdonar? A causa de la manera como fuimos hechos, con un sistema interno de archivo que llamamos "memoria", es dudoso que podamos olvidar plenamente aun las cosas que *queremos* olvidar.

Nuestras mentes son simplemente extraordinarias. El doctor Earl Radmacher ilustra de manera adecuada la declaración que acabo de hacer:

> La mente humana es una computadora fabulosa. De hecho, nadie ha sido capaz de diseñar una computadora tan intrincada y eficiente como la mente humana. Consideremos esto: el cerebro es capaz de grabar 800 memorias por segundo durante 75 años sin siquiera cansarse alguna vez . . . .

He oído a algunas personas que se quejan de que su cerebro está demasiado cansado y, por tanto, no pueden participar en un programa para aprender pasajes bíblicos de memoria. Tengo noticias para esas personas: el cuerpo puede cansarse, pero el cerebro nunca. El ser humano no usa más de un dos por ciento de la capacidad de su cerebro, según nos lo dicen los científicos. Y por supuesto, algunos demuestran este hecho más obviamente que otros. El asunto es que el cerebro es capaz de hacer una increíble cantidad de trabajo y de retener todo lo que entra en él. Usted realmente nunca olvidará nada; simplemente no lo recuerda. Todo está archivado permanentemente en su cerebro.[3]

A causa de hechos como éstos, necesitamos entender que no me refiero a olvidar en el sentido técnico o literal del término. Estoy pensando en olvidar en la misma manera como lo hace Pablo en 1 Corintios 13:4, 5, donde él dice:

El amor es sufrido, es benigno; el amor no tiene envidia, el amor no es jactancioso, no se envanece; no hace nada indebido, no busca lo suyo, no se irrita, no guarda rencor.

J. B. Phillips traduce esta última afirmación de la siguiente manera:

Este amor del que hablo es lento para perder la paciencia; busca alguna manera de ser constructivo. No es dominante: no se afana por impresionar, ni acaricia ideas exageradas relacionadas con su propia importancia. El amor tiene buenos modales y no persigue la ventaja egoísta. No es irritable. No lleva cuenta de lo malo ni se jacta de la perversidad de otras personas. Por el contrario, se alegra con todos los hombres buenos cuando la verdad triunfa.

Los verdaderos siervos, cuando demuestran amor genuino, no llevan cuentas. El verbo *olvidar* tiene la siguiente definición: "Perder el recuerdo de . . . no atender o hacer caso omiso de . . . descuidar intencionalmente. **Pasar por alto:** dejar de recordar o de notar . . . No recordar en el tiempo apropiado".[4] Esa es la idea.

Un par de pasajes bíblicos ilustran y estimulan esta generosa virtud.

Mucha paz tienen los que aman tu ley, y no hay para ellos tropiezo (Salmo 119:165).

El salmista abiertamente declara que los que poseen un amor profundo hacia la Palabra de Dios tendrán una gran medida de su paz . . . y, además, serán suficientemente magnánimos para no tropezar a raíz de las ofensas.

Jesús se refirió a esto cuando habló contra los que juzgan. Leamos sus palabras con cuidado.

> No juzguéis, para que no seáis juzgados. Porque con el juicio con que juzgáis, seréis juzgados, y con la medida con que medís, os será medido. ¿Y por qué miras la paja que está en el ojo de tu hermano, y no echas de ver la viga que está en tu propio ojo? ¿O cómo dirás a tu hermano: Déjame sacar la paja de tu ojo, y he aquí la viga en el ojo tuyo? ¡Hipócrita! saca primero la viga de tu propio ojo, y entonces verás bien para sacar la paja del ojo de tu hermano (Mateo 7:1-5).

Entonces, cuando hablamos de "olvidar", entendamos lo que significa:

- No llevar cuentas (1 Corintios 13:5).
- Ser uno más grande que cualquier ofensa (Salmo 119:165).
- No albergar ninguna actitud juzgadora (Mateo 7:1-5).

Antes de proceder, está en orden un pensamiento positivo. También tenemos en mente la capacidad para ir más allá de nuestras propias buenas obras. Tan pronto como se han hecho, quedan hechas. No hay necesidad de hacer pequeñas alusiones sobre lo precavidos que fuimos. El mejoramiento de nuestro servicio incluye el hecho de que nos olvidemos de él.

UNA MIRADA DETENIDA AL OLVIDO

En el Nuevo Testamento hay un capítulo que ilustra bellamente esta verdad. Se trata de Filipenses, capítulo 3. El escritor, Pablo, está pensando en varias cosas de su vida pasada que pudieran alimentar su orgullo.

> Si alguno piensa que tiene de qué confiar en la carne, yo más: circuncidado al octavo día, del linaje de Israel, de la tribu de Benjamín, hebreo de hebreos; en cuanto a la ley, fariseo; en cuanto a celo, perseguidor de la iglesia; en cuanto a la justicia que es en la ley, irreprensible (versículos 4-6).

Si usted estuviera buscando a alguien que diera un buen testimonio el próximo domingo, Pablo sería un buen candidato. De hecho, si él no fuera tan cuidadoso, podría convertir tal testimonio en jactancia. Estos son hechos impresionantes . . . y absolutamente ciertos.

Pero Pablo, como era un siervo, mantuvo todo en su perspectiva correcta.

> Pero cuantas cosas eran para mí ganancia, las he estimado como pérdida por amor de Cristo. Y ciertamente, aun estimo todas las cosas como pérdida por la excelencia del conocimiento de Cristo Jesús, mi Señor, por amor del cual lo he perdido todo, y lo tengo por basura, para ganar a Cristo, y ser hallado en él, no teniendo mi propia justicia, que es por la ley, sino la que es por la fe de Cristo, la justicia que es de Dios por la fe (versículos 7-9).

En comparación con Jesucristo y con todo lo que él ha hecho posible: su perdón, su amor, su justicia; todo lo demás que *podamos* ser o realizar disminuye en significado. Las siguientes palabras de Pablo describen la saludable humildad de un siervo:

> No que lo haya alcanzado ya, ni que ya sea perfecto; sino que prosigo, por ver si logro asir aquello para lo cual fui también asido por Cristo Jesús. Hermanos, yo mismo no pretendo haberlo ya alcanzado; pero una cosa hago: olvidando ciertamente lo que queda atrás, y extendiéndome a lo que está delante, prosigo a la meta, al premio del supremo llamamiento de Dios en Cristo Jesús (versículos 12-14).

Entretejidas en las palabras que acabo de citar se hallan las siguientes tres declaraciones:

1. "No lo he alcanzado".
2. "Olvido lo que queda atrás".
3. "Me extiendo a lo que está delante".

En cada una de estas tres afirmaciones hallo una característica de la condición de siervo: vulnerabilidad, humildad y determinación.

Vulnerabilidad

"No lo he alcanzado". Este concepto lo menciona Pablo no menos de tres veces en Filipenses 3:12, 13:

1. "No que lo haya alcanzado ya . . ." (versículo 12).
2. "Ni que ya sea perfecto . . ." (versículo 12).
3. "Yo mismo no pretendo haberlo ya alcanzado . . ." (versículo 13).

¡Qué alentador!

Este es un líder brillante, competente, dotado y fuerte que libremente declara: "Yo no he logrado todas las cosas". Sin embargo, la vulnerabilidad incluye algo más que esto. Significa estar uno dispuesto a expresar las necesidades personales, admitiendo las propias limitaciones o fallas, mientras manifiesta un espíritu educable; y *especialmente* manifestarse renuente a presentarse como experto, como el hombre que tiene todas las soluciones, la voz que tiene la autoridad final. Estos rasgos no sólo son animadores; ¡son raros!

Si usted es el individuo que siempre tiene que salir bien . . . si necesita ser "perfecto", entonces siempre tendrá algo que probar. Y los que lo rodean tienen que hacer lo mismo.

El ejecutivo Howard Butt, hombre de negocios de Corpus Christi, Tejas, escribe acerca de esto de una manera muy sincera y práctica:

> Si el liderato es cristiano, usted puede abiertamente manifestar sus fallas. Los líderes que son plenamente humanos no esconden sus pecados. Dentro de usted opera el principio de la cruz, el *modus operandi* de la fuerza en la debilidad.
>
> Este principio nos señala el problema, a nosotros que somos religiosos. Nosotros queremos más una reputación cristiana que a Cristo. Y sin embargo, nuestro Señor, al hacerse pecado por nosotros, "se despojó a sí mismo . . .".
>
> ¿Estoy dispuesto a esconder mis puntos fuertes y a manifestar mis debilidades? ¿Lo está usted? Al contar nuestros triunfos, nuestros éxitos, nuestros logros, nos glorificamos a nosotros mismos . . . .
>
> Al hacer alarde de mi bondad, construyo barreras; cuando confieso mis pecados, caen esas barreras. Los incrédulos se alejan a causa de nuestra piadosa exhibición de logros religiosos. Si levantamos nuestros altos muros de intimidación, hacemos que sus amistosos amigos taberneros tengan buena apariencia. Los cristianos no son semi-ángeles que tienen aureolas resplandecientes, sino pecadores realmente vivos y perdonados . . . .
>
> La muerte de Cristo lo libra de esconder sus pecados. Usted puede ser vulnerable y franco. Cuando es débil, entonces es fuerte. Sacude las tinieblas con golpes irresistibles: la potencia divina de la debilidad. Pega más duro cuando baja la guardia.[5]

Eso de ser vulnerable es parte del siervo que olvida.

Humildad

"Olvidando . . . lo que queda atrás". Esta es una declaración que nos asegura que Pablo no vivía en el pasado. El dice, en efecto: "Descarto mis propias hazañas como también las ofensas que otros me han hecho. Me niego a extenderme en ese asunto". Para esto se necesita humildad. Esto es especialmente cierto si usted examina la vida pasada de Pablo. Simplemente lea:

> De los judíos cinco veces he recibido cuarenta azotes menos uno. Tres veces he sido azotado con varas; una vez apedreado; tres veces he padecido naufragio; una noche y un día he estado como náufrago en alta mar; en caminos muchas veces; en peligros de ríos, peligros de ladrones, peligros de los de mi nación, peligros de los gentiles, peligros en la ciudad, peligros en el desierto, peligros en el mar, peligros entre falsos hermanos; en trabajo y fatiga, en muchos desvelos, en hambre y sed, en muchos ayunos, en frío y en desnudez (2 Corintios 11:24-27).

Piense usted en todas las personas que Pablo hubiera podido incluir en su lista de odio. Pero él no tenía esa lista. Con humildad, él olvidó lo que quedaba atrás. Intencionalmente, descartó todos esos males que le hicieron.

El mejor ejemplo en que yo pueda pensar es el de un hombre notable llamado José, cuya biografía se halla en el libro del Génesis. Fue rechazado y odiado por sus hermanos; fue vendido a unos viajeros que en caravana se dirigían a Egipto; éstos lo volvieron a vender allí como un esclavo común en el mercado egipcio; fue acusado falsamente por la esposa de Potifar; fue a parar en un calabozo donde quedó olvidado; su padre lo consideró muerto. Este hombre finalmente fue promovido a una posición de alta autoridad, segundo después de Faraón. *¡Si alguno alguna vez tuvo razón para recordar sus sufrimientos y despreciar su pasado, ése fue José!*

Pero lo asombroso de la historia es esto: El se negó a recordar las ofensas. De hecho, cuando él y su esposa tuvieron el primer hijo, él lo llamó *Manasés*, nombre hebreo que significa *olvido*. El explica la razón por la cual escogió ese nombre:

> Y llamó José el nombre del primogénito, Manasés; porque dijo: Dios me hizo olvidar todo mi trabajo, y toda la casa de mi padre (Génesis 41:51).

Sus palabras incluyen un punto sumamente importante. Para que nosotros olvidemos los males que se nos hacen, *Dios* tiene que borrarlos.

Isaías, el profeta de Judá, dice tal verdad en los siguientes términos:

> No temas, pues no serás confundida; y no te avergüences, porque no serás afrentada, sino que te olvidarás de la vergüenza de tu juventud, y de la afrenta de tu viudez no tendrás más memoria.

Porque tu marido es tu Hacedor; Jehová de los ejércitos es su nombre; y tu Redentor, el Santo de Israel; Dios de toda la tierra será llamado (Isaías 54:4, 5).

El Señor Dios promete que podemos olvidar porque él personalmente tomará el lugar de esos dolorosos recuerdos. En usted que ha tenido una juventud indecorosa, en usted que ha perdido su cónyuge, *el mismo* Señor viviente se colocará en el lugar de esos terribles recuerdos. ¡Qué promesa tan grande! Eso es lo que hace posible olvidar. Por nuestra propia cuenta, ¡no hay remedio! Pero con la promesa de que Dios tomará el lugar del dolor: su presencia, su poder, su misma vida; podemos "olvidar lo que queda atrás".

Aún hay otra característica de los buenos siervos, además de la vulnerabilidad y la humildad. Está implicada en las palabras "prosigo a la meta" (Filipenses 3:14).

Determinación

Aquellos siervos que se niegan a atascarse y a echar anclas en el pasado son los que prosiguen los objetivos de lo futuro. Las personas que hacen esto rara vez son mezquinas. Están tan preocupadas por lograr que se termine un trabajo que no se ocupan con las heridas y las preocupaciones de ayer. Muy cerca del fin de su vida activa y productiva, Pablo escribió: "He peleado la buena batalla, he acabado la carrera, he guardado la fe" (2 Timoteo 4:7). ¡Qué gran epitafio! Se aprovechaba al máximo de cada día. Inexorablemente proseguía la vida.

Conozco la naturaleza humana suficientemente bien como para comprender que algunas personas presentan excusas en relación con la amargura que sienten con respecto a pasadas heridas, diciendo: "Es demasiado tarde para cambiar. Se me ofendió, y el mal que se me hizo es tan grande para mí que jamás podré olvidarlo. Tal vez Pablo podía proseguir. ¡Yo no!" La persona que tenga esta manera de pensar está convencida de que es la excepción de las verdades que expreso en este capítulo, y está determinada a no cambiar, por cuanto la vida la ha tratado con mano dura.

Pero cuando Dios sostiene la esperanza, cuando él hace promesas, cuando él dice que algo puede hacerse, *no hay excepciones*. Cada vez que llega la alborada, se le entrega a usted en la puerta de su casa un fresco y nuevo paquete que se llama "hoy". Dios nos diseñó de tal manera que sólo podemos manejar un paquete a la vez . . . y toda la gracia que necesitemos para manejarlo, él la suplirá mientras vivimos ese día.

No puedo recordar haber leído una ilustración más conmovedora sobre esta verdad que la historia verdadera que John Edmund Haggai cuenta con respecto a la tragedia en el nacimiento y la vida de su hijo. La comparto en forma detallada con usted, con la esperanza de que por lo menos una persona descubra el secreto sumamente importante de proseguir día por día.

> El Señor nos bendijo bondadosamente con un precioso hijo. El niño resultó paralítico. Sólo podía sentarse en la silla de ruedas con la ayuda de aparatos ortopédicos. Mi esposa fue atendida en el parto por uno de los más respetados ginecólogos y tocólogos de la nación. Infortunadamente, este hombre, dominado por la aflicción, había buscado la solución en una botella de whisky, y no en la bendita Biblia. A causa de la embriaguez que tenía el médico en el momento del parto, inexcusablemente cumplió con torpeza su responsabilidad. Varios de los huesos del bebé se rompieron. Una pierna se le salió de su centro de crecimiento. El innecesario abuso con el pequeñito dio como resultado una hemorragia cerebral. (Permítaseme una pausa suficientemente larga para decir que esto no es una denuncia contra los médicos. Le doy gracias a Dios por los médicos. Lo que ocurrió en este caso con este médico fue una lamentable excepción. A él se le prohibió la práctica de la medicina en algunos hospitales y, luego, se suicidó.)
>
> Durante el primer año de vida del pequeño, ocho médicos dijeron que no habría posibilidad de que sobreviviera. Durante los primeros dos años de su vida, mi esposa tuvo que alimentarlo cada tres horas con un alimentador especial. Se necesitaba media hora para preparar todo lo que había que usar para alimentarlo, y otra media hora para limpiar todo y volverlo a colocar en la cama. Durante ese tiempo, ella no salió de la casa para disfrutar de ninguna diversión. Nunca, durante ese tiempo, durmió ella más de dos horas seguidas.
>
> Mi esposa, quien antes de casarnos se llamaba Christine Barker, natural de Bristol, Virginia, había sido aclamada por algunos de los principales músicos de la nación, como una de las más notables vocalistas femeninas contemporáneas de los Estados Unidos de América. Ella había sido una cantante popular desde los 13 años de edad: constantemente estaba ante el público. Tuvo la experiencia de recibir y rechazar algunas ofertas fantásticas, e ingresos aún más fantásticos, ¡para casarse con un pastor bautista aspirante que aún no tenía iglesia que pastorear!

¡Luego, después de cinco años de vida matrimonial, nos sorprendió la tragedia! Todo este episodio era completamente innecesario. Ocho de los más destacados médicos de la nación dijeron que nuestro hijo no podría sobrevivir. De una vida de servicio público, ella pasaba ahora al aislamiento dentro de las paredes de nuestra casa. Su bella voz ya no extasiaba a los auditorios con la historia de Jesús. Ahora estaba silenciada, o en el mejor de los casos, acallada al suave murmullo de las canciones de cuna.

Si no hubiera sido por la madurez espiritual de ella, por la cual se aferró a los recursos de Dios y vivió día por día, hace mucho tiempo que esta experiencia desgarradora le hubiera causado un colapso emocional.

John Edmund, hijo, nuestro hijito, vivió más de 20 años. Nos regocijamos por el hecho de que él entregó su corazón y su vida a Jesucristo, y dio evidencias de su preocupación genuina por las cosas del Señor. Atribuyo esta entrega de él a Cristo y su disposición, al centellante resplandor de una madre emocionalmente madura, cuya vida se centra en Cristo, y que ha dominado la disciplina de vivir día por día. Jamás he oído yo, ni ninguna otra persona, una queja de ella. Las personas que la conocen concuerdan en que, a la edad de 35 años, y después de haber estado sometida a una aflicción mayor que la que padecen la mayoría de las personas que tienen el doble de su edad, ella posee una chispa que sería digna de envidia por parte de cualquier estudiante de enseñanza media, y un resplandor y un encanto por los cuales cualquier joven que se presenta en sociedad daría alegremente una fortuna.

Apodérese usted del hoy. Viva para el hoy. Aprovéchese de toda oportunidad. [6]

UN DESAFIO: DOS PREGUNTAS

En los últimos tres capítulos hemos considerado al siervo en tres papeles distintos, sin embargo, relacionados: como dador, como perdonador y como olvidador. De los tres, sinceramente creo que el tercero es el más exigente. Los otros dos papeles traen beneficios y bendiciones que nos estimulan casi de inmediato. Pero eso de olvidar es algo que no se comparte con ninguna otra persona. Es un vuelo que hacemos solos. Y todas las recompensas se posponen hasta la eternidad . . . ¡pero qué grandes serán en aquel día! El olvido requiere que el siervo piense correctamente (de esto hablaremos en el siguiente capítulo), lo cual significa concentrar toda nuestra atención en el Señor, y no en la humanidad. Por la gracia de Dios, eso puede suceder.

Antes de continuar leyendo, hagamos una pausa suficiente como para hacernos dos preguntas:

1. ¿Me he negado a olvidar algo o a alguien, lo cual me impide ser feliz y productivo?

Si la respuesta de usted es positiva, deténgase y dígaselo francamente al Señor. Pídale que le quite el dolor y la amargura.

2. ¿Soy víctima de la autoconmiseración, lo cual hace que viva mis días emocionalmente paralizado en angustia y desesperación?

Si su respuesta es afirmativa, deténgase y considere las consecuencias de vivir el resto de su vida presentando excusas por su depresión, en vez de entregar todo eso al Unico que puede quitarlo.

Y si está aún convencido de que es "demasiado tarde" . . . de que usted está "demasiado avanzado en edad para cambiar" . . . de que su situación es "demasiado grande para vencerla", simplemente lea las siguientes líneas inmortales de Longfellow:

> "¡Es demasiado tarde!" ¡Ah! Nunca es demasiado tarde. Catón aprendió griego a los 80; Sófocles escribió su gran "Edipo", y Simónides arrebató el premio de poesía a sus compañeros, cuando cada uno de ellos tenía más de 80 años; y Teofrasto, a los 90, había comenzado su obra "Caracteres de los hombres".
>
> Chaucer, en Woodstock, con sus ruiseñores, a los 60, escribió sus "Cuentos de Canterbury".
>
> Goethe en Weimar, trabajando hasta el fin completó el "Fausto" cuando ya tenía 80 años.
>
> ¿Entonces, qué? ¿Nos sentaremos ociosos y diremos: "La noche ha llegado; ya no hay más día"?
>
> Pues la edad es una oportunidad no menor que la misma juventud, aunque con otra vestidura; y cuando se desvanece el crepúsculo de la tarde, el cielo está lleno de estrellas, invisibles de día.

Nunca es demasiado tarde para comenzar a hacer lo bueno. ¡Nunca!

6

La manera de pensar de un siervo

Para este momento, algunos de ustedes pueden estar poniéndose nerviosos.

Todo esto de servir, dar, renunciar a los derechos y humillar el yo suena bien por algún tiempo. Es parte del paquete cristiano total. Se espera que sea así, hasta cierto punto. ¿Pero no es posible saltar por la borda en un asunto como éste? ¿No hay algunas personas que se aprovecharían de los siervos y los convertirían en esclavos? Por supuesto, ¡las hay!

NO UNA ESCLAVITUD CONTROLADA POR LA MENTE

De hecho, ésa es la carta de triunfo de las sectas religiosas no cristianas. El secreto de su éxito está en que controlan la mente. Quieren dominar la mente, y no quedan satisfechas hasta que tengan el control absoluto sobre ella. El último control es la modificación de la conducta, lo cual es sólo otro nombre que se le da al lavado cerebral. ¿Quiere usted un ejemplo perfecto? Ahí está el Templo del Pueblo bajo la dirección torcida del difunto Jim Jones. ¡Que Dios nos ayude para que nunca olvidemos tan espantoso episodio!

Jack Sparks llama a estos líderes de las sectas religiosas no cristianas "torcedores de la mente". Ese es un título apropiado. En su libro, él describe el método común para controlar la mente como un programa de tres pasos: no tres pasos seguidos, sino tres pasos que se producen simultáneamente.

Primer paso. Consiste en "desprogramarse" . . . convencerse de que su pasado es malo. ¡Lo que uno siempre pensó que era bueno, es malo, malo, malo!

Segundo paso. Exige la completa subyugación de la voluntad. Para esto se necesita tiempo. Durante el proceso, el miembro de la secta aprende la técnica de neutralizar la mente. Eso es algo así como una experiencia de bohemio. Una perfecta preparación para el tercer paso.

Tercer paso. Esta es la fase en que se vuelve a programar. Se concentra en la enseñanza intensa o *adoctrinamiento* (esta última es una palabra mejor) diseñado para reemplazar los antiguos conceptos por los nuevos.[1]

El resultado, por supuesto, está muy lejos del papel de siervo que hemos venido estudiando. Esa forma de torcer la mente que usan las sectas religiosas falsas convierte al ser humano en un títere, en un esclavo desprovisto de dignidad personal, del privilegio de pensar y hacer preguntas, del gozo de servir a otros voluntariamente, controlado por Jesucristo y bajo su autoridad. La idea de estar uno esclavizado a un *gurú* y a su exigente sistema de pensamiento es algo que debe producirnos temor. Si usted cuestiona esta declaración, le sugiero que lea la increíble historia de Christopher Edwards, quien llegó a ser un peón imposibilitado en las manos de una de las sectas religiosas más insidiosas que están surgiendo hoy. No hubo ninguna esperanza de recuperación hasta que el hombre fue secuestrado.

Este brillante profesional, de pensamiento claro, graduado de la Universidad de Yale, llegó a ser virtualmente una bola de masilla humana en las manos de los "Moonies", en el norte de California. Sin que él comprendiera lo que le estaba ocurriendo, este sistema sectario lo llevó a través del proceso de tres pasos que acabo de describir. Después que su padre y un grupo de entrenados profesionales finalmente lo arrebataron de los puños cerrados de dicha secta, fue necesario someterlo a un año de intensa terapia para que Christopher volviera a ganar su equilibrio mental. El cuenta todo esto en su libro *Crazy for God*[2] (Loco para Dios).

No, la lealtad ciega no es verdadero servicio. Créame, no sólo me opongo fuertemente al proceso de torcer la mente que emplean los líderes de las sectas religiosas. También veo peligros en otros ministerios que se aprovechan injustamente de las personas: ministerios que ciertamente no calificaríamos de sectas religiosas. *Cualquier* ministerio que exija una lealtad ciega y una obediencia indiscutible es sospechoso. Como usted sabe, no todos los *gurúes* están en las religiones orientales. Algunos ministerios del discipulado, muy francamente, se acercan peligrosamente a este punto. ¡Esto no quiere decir que estoy desacreditando todos los programas de discipulado! Hacer eso sería injusto. En efecto, personalmente recibí beneficios de un notable ministerio de discipulado en que participé hace años. Además, nosotros estimulamos un amplio programa de discipulado en nuestra propia iglesia en Fullerton, California. Mi principal preocupación es el abuso del poder, el exagerado hincapié en la lealtad a un líder humano; una intensa e insaludable concentración de responsabilidad en el líder que usa la intimidación, el temor y la culpa para promover el autoritarismo. Las personas débiles y mansas pueden llegar a ser presas de estos paranoicos mesías que se han proclamado a sí mismos como tales, lo cual no dará como resultado el crecimiento espiritual, sino la explotación y la pérdida de la dignidad humana.

Ronald M. Enroth describe esto bastante bien:

> Para las personas que han carecido de estructura positiva en sus vidas, que tienen dificultad para decidir o resolver conflictos, o que simplemente están inciertas respecto de lo futuro, estos movimientos, iglesias o programas, son un refugio.
>
> Los líderes de muchos de estos grupos promueven conscientemente una forma insana de dependencia, de tipo espiritual o de otra clase, al concentrarse en temas de sumisión y obediencia a aquellos que ejercen la autoridad. Crean la impresión de que las personas no van a abrirse paso a través del laberinto de la vida sin un buen número de directivas firmes de los que están arriba.[3]

La congregación y los pastores por igual necesitan estar enterados de que hay líderes extraordinarios que tienen abundancia de facultades para atraer a las masas. Debemos tener cuidado con individuos altamente talentosos, capaces, simpáticos y populares que nos llaman la atención hacia ellos mismos o hacia su organización. El verdadero líder debe, más bien, buscar conscientemente que la devoción y la adoración del pueblo se vuelvan hacia la cabeza del cuerpo: Jesucristo. El Salvador es el Señor. El no comparte su puesto de preeminencia con nadie.

> Y él es antes de todas las cosas, y todas las cosas en él subsisten; y él es la cabeza del cuerpo que es la iglesia, él que es el principio, el primogénito de entre los muertos, para que en todo tenga la preeminencia . . . a quien anunciamos, amonestando a todo hombre, y enseñando a todo hombre en toda sabiduría, a fin de presentar perfecto en Cristo Jesús a todo hombre (Colosenses 1:17, 18, 28).

UNA MENTE RENOVADA ES ESENCIAL

Habiendo aclarado lo anterior, ya estamos listos para recibir algo positivo en relación con la correcta mentalidad del siervo. ¿Es posible que nos parezcamos tanto en nuestro pensamiento a Cristo que nuestras mentes operen en un plano diferente de aquel en el que operan las mentes de los que nos rodean? No sólo es posible. ¡Es esencial!

Necesitamos repasar las conocidas palabras que Pablo escribió en Romanos 12:1, 2:

> Así que, hermanos, os ruego por las misericordias de Dios, que presentéis vuestros cuerpos en sacrificio vivo, santo, agradable a Dios, que es vuestro culto racional. No os conforméis a este siglo, sino transformaos por medio de la renovación de vuestro entendimiento, para que comprobéis cuál sea la buena voluntad de Dios, agradable y perfecta.

Al llegar a este punto en su epístola a los creyentes de Roma, parece como si Pablo se pusiera de rodillas e *implorara*. Eso significa que lo que dice es importante, tal vez una de las verdades más importantes que él escribiría. Luego de instarnos a que presentemos nuestros cuerpos a Dios como sacrificios vivos, él agrega una advertencia:

> Y no permitáis que el mundo que os rodea os meta por la fuerza en su propio molde; sino permitid que Dios remodele vuestras mentes desde adentro, a fin de que podáis probar en la práctica que el plan de Dios para vosotros es bueno, satisface todas las demandas de él y se mueve hacia la meta de la verdadera madurez (Romanos 12:2; traducción de Phillips).

¡Deje usted de permitir que lo metan apretadamente en el molde del mundo! ¡Deje usted de imitar el sistema de pensamiento que lo rodea, su método de operación, su estilo y sus técnicas! ¿Cómo? Mediante una transformación radical procedente de adentro. Mediante un patrón de pensamiento renovado que demuestra la auténtica semejanza con Dios. La vida diferente comienza con un pensamiento diferente. Una vida que se caracterice por el servicio a los demás tiene que comenzar en una mente que está convencida de tal clase de vida. Eso explica por qué la gran porción bíblica que describe la disposición que tuvo Cristo para tomar sobre sí la forma de siervo comienza con las palabras: "Haya, pues, en vosotros este sentir [esta mente] que hubo también en Cristo Jesús . . ." (Filipenses 2:5).

La vida de servicio de Jesús fue la manifestación externa de su mente —que no se dejó presionar por el sistema del mundo con todo su egoísmo—, y sigue siendo, y será para siempre, el ejemplo que debemos seguir.

Para que *nosotros* seamos verdaderos siervos, nuestras mentes tienen que ser renovadas.

EL PENSAMIENTO NATURAL EN EL MUNDO DE HOY

En vez de ir rápidamente de un pasaje bíblico a otro, dediquémonos a un solo pasaje para digerirlo con cuidado. Uno de los pasajes más útiles que se refieren al tema de la mente se halla en 2 Corintios 10:1-7. Dedique unos momentos a leer estos siete versículos y medite en ellos.

> Yo Pablo os ruego por la mansedumbre y ternura de Cristo, yo que estando presente ciertamente soy humilde entre vosotros, mas ausente soy osado para con vosotros; ruego, pues, que cuando esté presente, no tenga que usar de aquella osadía con que estoy dispuesto a proceder resueltamente contra algunos que nos tienen como si anduviésemos según la carne. Pues aunque andamos en la carne, no militamos según la carne; porque las armas de nuestra milicia no son carnales, sino poderosas en Dios para la destrucción de fortalezas, derribando argumentos y toda altivez que se levanta contra el conocimiento de Dios, y llevando cautivo todo pensamiento a la obediencia a Cristo, y estando prontos para castigar toda desobediencia, cuando vuestra obediencia sea perfecta. Miráis las cosas según la apariencia. Si alguno está persuadido en sí mismo que es de Cristo, esto también piense por sí mismo, que como él es de Cristo, así también nosotros somos de Cristo.

Los cristianos de Corinto eran un grupo ingobernable. Aunque habían nacido de nuevo, a menudo operaban en el reino de la carnalidad por cuanto tenían una mentalidad secular. Para decirlo en palabras de la traducción que hizo Phillips de Romanos 12:2, ellos estaban metidos "en el molde" del sistema del mundo . . . sus mentes no habían sido renovadas. A ratos, uno hubiera afirmado de manera absoluta que ellos no pertenecían a la familia de Dios. Por ejemplo, peleaban unos con otros, criticaban a Pablo, competían entre sí en la iglesia y toleraban una vulgar inmoralidad en medio de ellos.

En esta parte de la carta que Pablo les escribió, les señala varias maneras en que manifestaban el pensamiento natural. Yo hallo cinco características:

1. Ellos estaban prejuiciados en vez de ser objetivos (versículo 2).
2. Ponían atención a lo visible, y no a lo invisible (versículo 3).
3. Confiaban en la fortaleza humana, y no en el poder divino (versículo 4).
4. Oían a los hombres en vez de oír a Dios (versículo 5).
5. Percibían las cosas de manera superficial y no profunda (versículo 7).

Cuando nuestra carnalidad está en actividad, los comentarios de Pablo describen muy bien la condición de nuestra mente: juzgamos por encima, pensamos superficialmente, carecemos de profundidad, carecemos de fe, nos cerramos, manifestamos independencia, nos impresiona exageradamente la humanidad, y estamos fuera del enfoque espiritual. Cuando estamos metidos "en el molde del mundo", éste cumple su función en nosotros, ¿no es verdad?

BARRERAS MENTALES QUE SE OPONEN A LA VOZ DE DIOS

Realmente, el mensaje de Dios es apagado. Nuestras mentes perciben las fuertes señales seculares tan fácilmente que subconscientemente apagamos a Dios. Eso es natural. El pasaje de 2 Corintios 10 presenta una descripción vívida de las barreras mentales que bloquean sus directivas y su consejo.

Miremos detenidamente. Pablo usa cuatro términos que necesitamos entender. Si usted tiene un lápiz a la mano, tome la

Biblia y enciérrelos en un círculo: *fortalezas . . . argumentos . . . altivez . . . pensamiento.*

Necesitamos algo de marco histórico. En el tiempo antiguo, para que una ciudad prosperara, necesitaba un sistema de seguridad que la protegiera del ataque enemigo. De primordial importancia era un muro que impedía que las tropas enemigas invadieran y que también servía como el principal medio para la defensa en la batalla. Los guardias tenían que estar en constante vigilancia desde sus puestos de centinela situados sobre el muro. Era necesario que hubiera torres dentro de la ciudad suficientemente altas para que los que estaban dentro vieran por sobre el muro. Y finalmente, cuando se producía un ataque, era necesario que hubiera hombres de astucia militar y conocimiento bélico para que dieran órdenes y dirigieran las tropas en el calor del combate. Estos daban las órdenes protegidos dentro de tales torres.

Pablo sacó una serie de analogías de esta escena familiar de su día . . . pero recordemos que él no se refiere a una ciudad, sino más bien a nuestras mentes.

Primera analogía: El muro, nuestra "fortaleza" mental

Cuando el Espíritu de Dios intenta comunicarnos su verdad (información bíblica sobre el servicio, por ejemplo), él tropieza con nuestro "muro", nuestra actitud mental general, la conformación natural de nuestra mente. Para algunos, tal muro es el prejuicio. Para otros, una limitada manera de pensar o una mentalidad negativa. Sea lo que fuere, es una inmensa barrera mental que se resiste a la penetración divina de manera tan firme como un inmenso muro de piedra resistía en aquel tiempo a las tropas invasoras. Todos nosotros tenemos nuestras *fortalezas.* Y ocasionalmente nos volvemos detestables por completo, cuando operamos bajo el control de nuestras "fortalezas" amuralladas.

Un vagabundo descubrió eso un día cuando estaba buscando una limosna en una pintoresca aldea inglesa. Tenía tanta hambre que casi se desmayaba. Así que se detuvo en una taberna que tenía el clásico nombre de *Mesón de San Jorge y el Dragón.*

—Por favor, señora, ¿pudiera darme usted un bocado de comida? —le preguntó a la mujer que lo atendió cuando él tocó a la puerta de la cocina.

—¿Un bocado de comida? —gruñó ella—. ¿Para un sucio y despreciable pordiosero? ¡No! —dijo irritada, mientras casi le lanza la puerta sobre la mano al hombre.

Cuando iba a mitad de camino, el vagabundo se detuvo, dio la vuelta y vio las palabras: *San Jorge y el Dragón*. Regresó y volvió a tocar a la puerta de la cocina.

—Ahora, ¿qué quiere usted? —le preguntó la mujer con disgusto.

—Bueno, señora, si es que en verdad San Jorge está aquí, ¿puedo hablar con él esta vez?

¡Ay!

Segunda analogía: Los guardias, nuestros "argumentos"

Junto con las fortalezas que son como muros, tenemos los argumentos naturales humanistas, que dan al muro una fortaleza adicional: mecanismos de defensa, explicación racional y otros patrones de pensamiento que nos son habituales. En Romanos 2:15 leemos acerca de dos de esos guardias: *acusar* y *defender*. Una autoridad digna de confianza declara que el término griego que se tradujo "argumentos" sugiere "el pensar en acciones como resultado del veredicto de la conciencia".[4]

Cuando Dios empuja su verdad para que entre en nuestras mentes (a renovarlas), ¡nuestro reflejo habitual "guarda" la entrada de tan extraños pensamientos! Esto explica por qué se produce, a menudo, una batalla cuando se introduce la verdad bíblica en una mente que ha estado amurallada y guardada durante años por el pensamiento secular. Defendemos lo antiguo, en vez de considerar lo nuevo y aceptarlo.

Esto pudo haber ocurrido en su propia mente cuando usted leyó el capítulo 4 de este libro que trata sobre el perdón. Leyó allí lo que la Biblia nos enseña que debemos hacer cuando ofendemos a alguien. Muy probablemente resistió y se defendió. ¡Ciertamente así lo hice yo cuando descubrí esas verdades! Nos parece mucho mejor echarle la culpa a otra persona que aceptar nuestra responsabilidad. Así son nuestros "argumentos". Montan guardia contra el cambio, hacen que demos explicaciones racionales y justifiquemos nuestras acciones.

Tercera analogía: Nuestras "altiveces"

Acompañando a la resistencia de nuestros muros internos y de los guardias están las "altiveces", las cuales refuerzan nuestro sistema de defensa desde adentro. La altivez se refiere a algo que se eleva o se exalta. ¿Qué llega a su mente ahora mismo? ¿Qué diremos del *orgullo*? Y ahí están las cosas que fomenta el orgullo: discusión, un espíritu indócil, terquedad y la negación al cambio. Cuando se declaran los principios de la Escritura, nuestras mentes naturales, no renovadas, no sólo las resisten, sino que preguntan: "¿Quién los necesita?", o: "Hasta ahora he marchado bien". La altivez "se levanta contra el conocimiento de Dios", dice Pablo (2 Corintios 10:5).

Cuarta analogía: Los hombres de astucia militar, nuestros "pensamientos"

Junto con los muros mentales de resistencia habitual, los argumentos humanistas que les dan fortaleza y las reacciones de altivez que mantienen alejadas las verdades bíblicas, están los pensamientos reales, las técnicas, los artificios que empleamos para alejar la Palabra de Dios y sus impulsos. Por ejemplo, se nos ha formado el hábito de vengarnos, en vez de pasar por alto el mal que se nos hace. Así que cuando nos encontramos con una instrucción bíblica que nos sugiere una alternativa, decimos: "¡De ningún modo!" Cuando el consejo de Dios nos anima a ser generosos, a entregar en vez de guardar, podemos pensar en una media docena de razones por las cuales eso no funcionaría. Es como si tuviéramos una mentalidad dominada por la "Ley de Murphy", que está dispuesta a entrar de inmediato en acción. Esto nos impide que decidamos a favor de Dios.

Un punto importante que no quiero que usted pierda es el hecho de que realmente no tenemos ninguna clase de razones para continuar sirviendo a nuestra mentalidad secular. Hemos sido libertados. ¡Gloriosamente libertados! Antes de ser salvos, no teníamos esperanza. Eramos víctimas de todos los impulsos y defensas que había dentro de nosotros. Pero en la cruz, nuestro Salvador y Señor derrotó al enemigo. El dijo: "Consumado es". *¡Y consumado quedó!* Ya el pecado no reina como vencedor.

Pero, como usted ve, nuestra vieja naturaleza no quiere que creamos eso. Se resiste a *toda* clase de mensaje que nos pueda libertar. Toda información sobre *la renovación de la mente* debe ser silenciada. Eso es lo que ordena el viejo hombre que está dentro de nosotros. Y con todo esfuerzo, levanta un muro, establece guardias, torres y pensamientos que alejan todos los impulsos de esa clase.

¿Y se da usted cuenta de que nuestra vieja naturaleza es la que más resiste? Eso se nos revela en el versículo 5 de 2 Corintios 10: ". . . llevando cautivo todo pensamiento a la obediencia a Cristo". Cuando eso ocurre, funciona a plenitud la mente renovada . . . ¡y eso es maravilloso! En ese momento, el servicio no es fastidioso ni nada a lo cual haya que temer. Fluye libremente.

Lea usted el siguiente relato ficticio que narra Larry Christenson. Le ayudará a comprender la victoria de la mente renovada:

> Piense como si usted viviera en un apartamento. Usted vive allí bajo las órdenes de un propietario que ha hecho que su vida sea desdichada. El le cobra un alquiler exorbitante. Cuando usted no puede pagar, él le concede un crédito por el cual usted tiene que pagar un aterrador interés, con lo cual él logra que usted esté más endeudado con él. El entra en el apartamento de usted sin pedir permiso, a cualquier hora del día o de la noche, echa a perder y ensucia todo el lugar, y luego le cobra a usted una cuota extra por no mantener bien el local. La vida de usted es, pues, desdichada.
>
> Luego viene alguien que le dice: "He comprado este edificio de apartamentos. Usted puede vivir en este apartamento, sin pagar nada hasta cuando lo desee. El alquiler ya está pagado. Yo voy a vivir aquí en el edificio, en el apartamento destinado al administrador del condominio".
>
> ¡Qué alegría! ¡Usted se ha salvado! ¡Se ha librado de las garras del antiguo propietario!
>
> ¿Pero qué sucede? Que a usted casi no le queda tiempo para regocijarse en la libertad nueva que acaba de hallar, pues alguien toca a la puerta. ¡Y ahí está el antiguo propietario! Indignado con mirada ceñuda y exigente como siempre, dice que ha venido a cobrar el alquiler.
>
> ¿Qué hace usted, lector, en este caso? ¿Le paga? ¡Claro que no! ¿Sale y le da un golpe en la nariz? ¡No, él es más fuerte que usted!
>
> Usted le dice con toda confianza: "Usted tendrá que entenderse con el nuevo propietario". El puede rugir, amenazar, tratar de sonsacar algo por medio de halagos y persuadir. Pero usted le

> dice con toda serenidad: "Entiéndase con el nuevo propietario". Si él vuelve una docena de veces, con toda clase de amenazas y argumentos, sacudiendo en su cara documentos legales, usted simplemente le dice una vez más: "Entiéndase con el nuevo propietario". Al fin, él tiene que hacerlo. El lo sabe también. Sólo que él espera poder intimidarlo, amenazarlo y engañarlo para que dude de que el nuevo propietario es realmente capaz de hacerse cargo de las cosas.
>
> Ahora bien, ésta es la situación del cristiano. Tan pronto como Cristo lo ha libertado del poder del pecado y del diablo, usted puede confiar en ello: ese antiguo propietario pronto regresará a tocar a su puerta. ¿Y cuál es su defensa? ¿Cómo impide que él vuelva a levantar la mano del látigo contra usted? Pues lo envía a que se entienda con el nuevo propietario. Lo envía a que se entienda con Jesús.[5]

Cuando Jesucristo verdaderamente se encarga de nuestras mentes, y lleva todo pensamiento cautivo a él, llegamos a ser espiritualmente invencibles. Es entonces cuando operamos con poder sobrenatural. Es entonces cuando andamos bajo el completo control de Dios.

CAPACIDAD SOBRENATURAL DE LA MENTE RENOVADA

Cuando la verdad de Dios penetra, y desplaza las barreras mentales, recibimos varios beneficios muy emocionantes. De hecho, hallo que Pablo menciona dos de ellos aquí mismo en 2 Corintios 10: el poder divino (versículo 4) y una auténtica independencia (versículos 11, 12).

Recibimos la clara impresión, mientras leemos estos versículos, de que nada en esta tierra puede intimidarnos. La traducción al inglés llamada *New International Version* ayuda a aclarar la capacidad sobrenatural de la mente renovada:

> Porque aunque vivimos en el mundo, no libramos la guerra como el mundo. Las armas con que peleamos no son las armas del mundo. Por el contrario, tienen poder divino para demoler fortalezas. Demolemos argumentos y toda pretensión que se levanta contra el conocimiento de Dios, y tomamos cautivo todo pensamiento para hacerlo obediente a Cristo (2 Corintios 10:3-5).

Poder divino

¿Comprendió usted la realidad del poder divino en el versículo 4? Los siervos que tienen mentes renovadas tienen una perspectiva de la vida y un poder para vivir que son absolutamente únicos: divinamente capacitados.

Eso explica cómo se puede perdonar el mal que se nos haga, y cómo pueden olvidarse las ofensas, y cómo pueden perseguirse los objetivos día tras día, sin abandonarlos. Eso es lo que hace el poder divino. Dios promete que él derramará su poder en nosotros (Filipenses 4:13), y suplirá todo lo que necesitemos, si simplemente operamos bajo su control pleno. Cuando pensamos correctamente, al instante comenzamos a responder correctamente.

¿Cómo podemos "demoler" aquellas cosas que antes nos dominaban? Lo podemos hacer por el hecho de que Cristo manifiesta su vida a través de nosotros. Por su poder, podemos entregarnos, y entregarnos, y entregarnos. Y no le tendremos temor al resultado. Ni siquiera nos sentiremos menospreciados cuando no obtenemos el mismo trato que damos. Siervos, recuerden ustedes que no deben llevar cuentas. Dale Galloway, en su obra *Dream a New Dream* (Sueñe un nuevo sueño), narra una historia que ilustra bellamente este punto.

> El pequeño Chad era un joven tímido y quieto. Un día llegó a casa y le dijo a su madre que a él le gustaría enviar una tarjeta con motivo del día de San Valentín a todos los de su clase. El ánimo de ella decayó. Ella pensó: "¡Me gustaría que no hiciera eso!" porque había observado a los niños cuando regresaban de la escuela al hogar. Chad siempre estaba detrás de ellos. Ellos se reían, se colgaban el uno del otro y hablaban unos con otros. Pero nunca incluían a Chad. Sin embargo, ella decidió que respaldaría a su hijo. Así que compró el papel y goma y lápices de colores. Durante tres semanas completas, noche tras noche, Chad hizo con dificultad 35 tarjetas de San Valentín.
>
> ¡Amaneció el día de San Valentín, y Chad estaba sumamente emocionado! Cuidadosamente las amontonó, las colocó en una bolsita, abrió la puerta y se marchó. Su madre decidió hacer algunas de sus galletas favoritas, y servírselas calientes y bien presentadas con un vaso de leche fría cuando él regresara de la escuela. Ella estaba segura de que él regresaría desanimado . . . tal vez así le aliviaría un poco el dolor. A ella le preocupaba el pensar que él no recibiría muchas tarjetas, tal vez ninguna.
>
> Esa tarde, ella tenía listas sobre la mesa las galletas y la leche. Cuando oyó que pasaban afuera los niños, echó una mirada por la ventana. Ciertamente, iban pasando, riéndose y divir-

tiéndose de lo mejor. Y, como siempre, Chad iba detrás de todos. El caminaba un poco más rápido que de costumbre. Ella tenía la plena seguridad de que el muchacho rompería a llorar tan pronto como entrara. Notó que él traía los brazos vacíos, y cuando se abrió la puerta, ella contuvo las lágrimas.

—Te tengo unas galletitas calientes con leche.

Pero él casi no oyó las palabras de ella. Entró marchando con la cara radiante, y sólo pudo decir: —Ni uno solo . . . ni uno solo.

Ella se afligió.

Luego el muchacho agregó: —¡No olvidé a ninguno, ni a uno solo![6]

Así sucede cuando Dios controla la mente del siervo. Comprendemos como nunca antes que el gozo más grande de la vida consiste en dar el amor de él. Este pensamiento nos trae a la mente el siguiente dicho:

> No es canción hasta que se cante.
> No es campana hasta que resuene.
> ¡No es amor hasta que se entregue!

Auténtica independencia

Veamos lo que nos dice 2 Corintios 10:11, 12:

> Esto tenga en cuenta tal persona, que así como somos en la palabra por cartas, estando ausentes, lo seremos también en hechos, estando presentes. Porque no nos atrevemos a contarnos ni a compararnos con algunos que se alaban a sí mismos; pero ellos, midiéndose a sí mismos por sí mismos, y comparándose consigo mismos, no son juiciosos.

¿No es esto animador? Nada de máscaras de hipocresía. No hay máscaras para competir con otros creyentes en Cristo, ni siquiera caer en la trampa de compararse con otros. Todo esto les viene a aquellos que tienen una mente renovada . . . los que deciden permitir que el Espíritu de Dios invada todos los muros y torres, y capture a los guardias que lo han mantenido alejado durante tantos años.

No puedo recordar la fecha precisa cuando estas verdades comenzaron a ocupar su lugar correspondiente para mí, pero claramente recuerdo que comenzó a producirse un cambio en lo profundo de mí. Mi cruel tendencia a competir con los demás comenzó a disminuir. Mi insegura necesidad de ganar *siempre* también comenzó a desvanecerse. Cada vez me fui interesando menos en compararme con otros predicadores y pastores. Esa creciente y saludable independencia me libró para ser *yo*, no una mezcla de lo que yo pensaba que otros esperaban que yo fuera. Y ahora, mi corazón siente compasión por otros individuos cuando veo en ellos aquel "síndrome de comparación" que produce desdicha, el cual me mantuvo en sus garras durante muchos años. Esta identidad independiente no comenzó a formarse hasta que comencé a pensar bíblicamente.

LA CONDICION DE SIERVO COMIENZA EN LA MENTE

¿No le gustaría a usted vivir con ánimo a pesar de los obstáculos? ¿No le parece emocionante estar divinamente dotado de poder para la vida diaria? ¿No se afana por llegar a ser auténticamente independiente en este día de estilos remendados y de horrenda presión de los semejantes? ¡Por supuesto!

Todo esto comienza en *la mente*. Volvamos a repetirlo una vez más: El pensamiento correcto siempre precede a la acción correcta. Esa es la razón por la cual he hecho hincapié en todo este capítulo en la importancia de la renovación de la mente. Realmente es imposible entender el concepto de servir a otros, o de hacerlo con regocijo y sin temor, hasta que nuestras mentes se libren del molde del mundo y sean transformadas por el poder del Señor.

Comencé este capítulo con la advertencia de no caer bajo el hechizo de dejar que un *gurú* controle nuestra mente. Confío que no haya mala comprensión con respecto a mi posición en lo que se refiere al concepto torcido de explotar a otros, y de llamar a esa explotación servicio. Siento la necesidad, sin embargo, de terminar este capítulo con otra advertencia. Esta no va contra la posibilidad de que usted llegue a ser víctima de una personalidad fuerte . . . sino contra cualquiera que pudiera "usar" a otros para lograr sus propios propósitos. ¡Cuán fácil es estimular el espíritu de servicio a fin de que otros nos sirvan! No fue así como anduvo nuestro Maestro, ni nosotros debemos andar de esa manera.

Admiro la sinceridad del hombre que escribió las palabras que siguen:

> Soy como Jacobo y Juan.
> Señor, yo me comparo con otras personas
>   en función de lo que pueden hacer por mí;

cómo pueden adelantar mi programa:
alimentar mi ego,
satisfacer mis necesidades,
darme ventaja estratégica.

Yo exploto a la gente,
manifiestamente por tu causa,
pero realmente, a favor de la mía.

Señor, yo acudo a ti
para conseguir el camino interno
y obtener favores especiales:
tu dirección para mis programas,
tu poder para mis proyectos,
tu aprobación para mis ambiciones,
tu cheque en blanco para lo que quiero.
Soy como Jacobo y Juan.

Cámbiame, Señor.
Haz de mí un hombre que pregunte a ti y a otros:
¿Qué puedo hacer por ti?[7]

El verdadero servicio comienza en la mente. Comienza con una sencilla oración de dos palabras: "Cámbiame, Señor".

7

Retrato de un siervo: Primera parte

¿Qué quieres ser cuando seas grande?

Esa es una pregunta favorita que nos gusta hacer a los niños. Y las respuestas que generalmente obtenemos son las siguientes: "Un policía". "Una enfermera". O tal vez: "Un bombero". Algunos muchachos son soñadores. Responden que quieren ser una estrella del cine, o un cantante, o un médico o un jugador profesional de béisbol. Uno me dijo recientemente que él quería ser un mecánico de carros o un recogedor de basura. Cuando le pregunté por qué, me dio la clásica respuesta de un muchacho de nueve años de edad: "*Para estar sucio*". Yo sonreí al pensar en mi propia niñez. Y lo entendí.

Tomemos la misma pregunta y hagámosla de otro modo. Imaginemos que le preguntamos a Jesucristo qué quiere él que seamos cuando seamos grandes. De repente, la pregunta se cambia por completo. Sinceramente creo que él nos daría la misma respuesta a cada uno de nosotros: "Quiero que tú seas diferente . . . que seas un siervo". En toda mi vida no puedo recordar que alguien haya dicho que al crecer quería ser un siervo. Esto parece bajo . . . humillante . . . carente de dignidad.

Jerry White, en su útil libro *Honesty, Morality & Conscience*

(Sinceridad, moralidad y conciencia), habla acerca del concepto de servir a los demás.

> Los cristianos deben ser siervos tanto de Dios como de la gente. Pero la mayoría enfocamos los negocios y el trabajo —y la vida en general— con la siguiente actitud: "¿Qué puedo *obtener*?" En vez de tener esta otra: "¿Qué puedo *dar*?"
>
> Nos parece estimulante pensar en nosotros mismos como siervos de Dios. ¿Quién no querría ser siervo del Rey? Pero cuando se trata de servir a otras personas, comenzamos a preguntar cuáles serán las consecuencias. Nos sentimos nobles cuando servimos a Dios; nos sentimos humildes cuando servimos a la gente. El servicio a Dios recibe una respuesta favorable; el servir a otras personas, especialmente a aquellas que no pueden devolvernos el servicio, no tiene beneficios visibles, ni gloria de nadie, ¡sino de Dios! Cristo nos dio el ejemplo: ". . . el Hijo del Hombre no vino para ser servido, sino para servir, y para dar su vida en rescate por muchos" (Mateo 20:28). Para ser siervos de Dios tenemos que servir a la gente.
>
> En los negocios y en el trabajo, el concepto de las personas que sirven tiene que abarcar todo lo que hacemos. Cuando servimos, pensamos primero en aquel a quien estamos tratando de servir. Un empleado que sirve sinceramente en su trabajo honra a Dios y profundiza el valor que tiene para su patrón. Por otra parte, el empleado que se sirve a sí mismo raras veces será considerado de valor en cualquier compañía.[1]

EL MANDAMIENTO DE JESUS: "¡SED DIFERENTES!"

Cuando Jesús anduvo en la tierra, atrajo a muchas personas hacia sí mismo. En una ocasión, se sentó entre ellas y les enseñó algunas verdades fundamentales sobre cómo quería que crecieran. El relato bíblico de su "Sermón del Monte" se halla en Mateo, capítulos 5, 6 y 7. Si se nos pidiera que sugiriéramos un tema general para este gran sermón, tal tema sería: "¡Sed diferentes!" Vez tras vez, declara cómo eran las cosas entre los tipos religiosos de su día, y luego instruye a sus oyentes para que sean diferentes. Por ejemplo:

Mateo 5:21, 22: "Oísteis . . . Pero yo os digo . . .".

Mateo 5:27, 28: "Oístes que fue dicho . . . Pero yo os digo . . .".

Mateo 5:33, 34: "Además habéis oído . . . Pero yo os digo . . .".

Mateo 5:38, 39: "Oísteis . . . Pero yo os digo . . .".

Mateo 5:43, 44: "Oísteis que fue dicho . . . Pero yo os digo . . .".

En Mateo 6, Jesús explica, además, cómo deben ser diferentes al dar a los necesitados (6:2), al orar (6:5) y al ayunar (6:16). El versículo clave de todo el sermón es el siguiente: *"No os hagáis, pues, semejantes a ellos . . ."* (6:8). Como usted ve, Jesús vio todo el orgullo y la hipocresía de los demás, y estaba determinado a instilar en sus discípulos rasgos característicos de humildad y autenticidad. Su enseñanza única traspasó la fachada de religión como un filoso cuchillo penetra en mantequilla caliente. Hasta el día de hoy permanece como el más amplio esbozo en todo el Nuevo Testamento de la cultura cristiana . . . que ofrece un estilo de vida totalmente distinto del sistema del mundo.

En la introducción del sermón de Jesús, indudablemente la parte más conocida se halla en Mateo 5:1-12. Comúnmente se le da el nombre de "Las bienaventuranzas". Este pasaje es el cuadro oral más expresivo de un siervo que jamás se haya presentado.

LAS BIENAVENTURANZAS: TRES OBSERVACIONES

Leamos otra vez con lentitud estas inmortales palabras:

> Viendo la multitud, subió al monte; y sentándose, vinieron a él sus discípulos.
>
> Y abriendo su boca les enseñaba, diciendo:
>
> Bienaventurados los pobres en espíritu, porque de ellos es el reino de los cielos.
>
> Bienaventurados los que lloran, porque ellos recibirán consolación.
>
> Bienaventurados los mansos, porque ellos recibirán la tierra por heredad.
>
> Bienaventurados los que tienen hambre y sed de justicia, porque ellos serán saciados.
>
> Bienaventurados los misericordiosos, porque ellos alcanzarán misericordia.
>
> Bienaventurados los de limpio corazón, porque ellos verán a Dios.
>
> Bienaventurados los pacificadores, porque ellos serán llamados hijos de Dios.
>
> Bienaventurados los que padecen persecución por causa de la justicia, porque de ellos es el reino de los cielos.
>
> Bienaventurados sois cuando por mi causa os vituperen y os persigan, y digan toda clase de mal contra vosotros, mintiendo.

> Gozaos y alegraos, porque vuestro galardón es grande en los cielos; porque así persiguieron a los profetas que fueron antes de vosotros (Mateo 5:1-12).

Permítame usted hacer tres observaciones generales:

1. Estos son ocho rasgos característicos que identifican al verdadero siervo. Cuando todos los ocho se mezclan conjuntamente en una vida, se produce el equilibrio. Es útil comprender que ésta no es una lista de elección múltiple, de la cual podemos escoger los rasgos favoritos. Nuestro Salvador afirmó muy claramente cuáles son las cualidades que conducen a un estilo de vida diferente que le agrade a él. Por tanto, es esencial un examen detenido de cada una de ellas.

2. Estos rasgos abren la puerta de la felicidad interna. Estas son las actitudes fundamentales que, cuando se persiguen y se experimentan, producen gran satisfacción. Jesús ofrece satisfacción aquí, como ninguna otra cosa en la tierra. Veamos cómo comienza cada una de las bienaventuranzas: "Bienaventurados . . .", o: "Bienaventurados sois . . .". Esta fue la única ocasión en que nuestro Señor repitió el mismo término ocho veces consecutivamente. J. B. Phillips, en su traducción, recoge la idea correctamente al traducirla: "Cuán felices . . .", y "Felices . . .". Los que entran en estas bienaventuranzas hallan felicidad perdurable.

3. A cada rasgo característico está unida una correspondiente promesa. ¿Notó usted esto? "Bienaventurados sois . . . (el rasgo), porque . . ." (la promesa). Cristo tiene un beneficio particular para cada rasgo en particular. ¡Y qué grandes promesas son! No es nada extraño que cuando él terminó el sermón, leemos que ocurrió lo siguiente:

> Y cuando terminó Jesús estas palabras, la gente se admiraba de su doctrina; porque les enseñaba como quien tiene autoridad, y no como los escribas (Mateo 7:28, 29).

Nunca antes habían oído sus oyentes tan maravillosas verdades presentadas de una manera tan interesante y significativa. Ellos deseaban que esas promesas se encarnaran en sus vidas. Nosotros también.

ANALISIS DE CUATRO BIENAVENTURANZAS

Lo dicho es suficiente como reconocimiento general. Ahora,

seamos específicos. En vez de pasar apresuradamente por todas las ocho bienaventuranzas de manera superficial, estudiemos con cuidado las primeras cuatro cualidades. Las otras cuatro las estudiaremos en el capítulo 8 de este libro. Podemos entender tanto la sombra sutil como el rico color del retrato que pintó Jesús, para que todos lo apreciemos y nos lo apliquemos, si dedicamos tiempo para pensar detenidamente en cada una de las características del siervo.

"Los pobres en espíritu"

A primera vista, esto parece referirse a los que tienen poco dinero o no tienen nada; a personas pobres que, en cuanto a seguridad económica están en cero. ¡Equivocación! Notará usted que el Señor habla acerca de "los pobres *en espíritu*" (las cursivas son mías). William Barclay, quien es una autoridad en la materia, aclara el significado:

> En hebreo, estas palabras pasaron por cuatro etapas en el desarrollo de su significado. (1) Comenzaron significando simplemente *pobres.* (2) Pasaron a significar: *a causa de ser pobres, no tienen influencia, ni poder, ni ayuda, ni prestigio.* (3) Luego llegaron a significar: *por cuanto no tienen influencia son hollados y oprimidos por los hombres.* (4) Finalmente, llegaron a describir *al hombre que, por cuanto no tiene ningunos recursos terrenales, pone toda su confianza en Dios.* Así que, en hebreo, la palabra *pobre* se usaba para describir al hombre humilde y desvalido que pone toda su confianza en Dios.[2]

Esta es una actitud de absoluta y sencilla humildad. ¡Qué manera tan excelente de comenzar el retrato del siervo! Es el retrato de uno que se ve a sí mismo como un individuo que está en bancarrota espiritual, que no merece nada . . . que se vuelve hacia el Dios Todopoderoso con confianza total. Augustus M. Toplady logró una vislumbre de esta actitud cuando escribió las siguientes palabras que llegaron a ser parte de los cantos de la iglesia de Cristo:

> En mis manos nada tengo,
> yo sólo a tu cruz me aferro.
> Mi desnudez es desgracia,
> pero acudo a ti por gracia.
> Limpieza en tu fuente espero,
> ¡lávame, Señor, o muero![3]

Este espíritu de humildad es muy raro en nuestro día en que las actitudes son fuertes y orgullosas como un pavo real. El puño cerrado ha sustituido a la cabeza inclinada. Los bocones y los de mirada arrogante dominan ahora el escenario que una vez estaba ocupado por la piedad de los "pobres en espíritu". ¡Qué farisaicos nos hemos vuelto! ¡Cómo confiamos en nosotros mismos! Y con esa actitud, ¡cómo somos desesperadamente desdichados! Cristo Jesús ofrece una felicidad genuina y duradera a aquellos cuyos corazones estén dispuestos a declarar:

> Oh Señor,
> soy un esqueleto lleno de polvo,
> pero animado por un alma racional invisible
> y renovado por el poder invisible de tu gracia.
> Sin embargo, no soy objeto raro de precio inestimable,
> sino algo que no tiene nada, ni es nada,
> aunque escogido por ti desde la eternidad,
> entregado a Cristo y renacido.
> Estoy profundamente convencido del mal
> y de la desdicha del estado pecaminoso,
> de la vanidad de las criaturas;
> pero también estoy convencido de la suficiencia de Cristo.
> Cuando tú quisieras guiarme, yo me dirijo.
> Cuando tú quisieras ser mi soberano, yo me gobierno.
> Cuando tú quisieras cuidarme, yo me gasto a mí mismo.
> Cuando debo depender de tu provisión, yo mismo me abastezco.
> Cuando debo someterme a tu providencia, sigo mi voluntad.
> Cuando debiera estudiar, amarte, honrarte y confiar en ti, me sirvo a mí mismo.
> Yo censuro y corrijo tus leyes para que se adapten a mí;
> en vez de mirarte a ti, busco la aprobación del hombre,
> y por naturaleza soy idólatra.
> Señor, mi principal propósito es que mi corazón vuelva a ti.
> Convénceme de que no puedo ser mi propio dios,
> ni labrar mi propia felicidad;
> ni puedo ser mi propio Cristo para restaurarme el gozo,
> ni puedo ser mi propio Espíritu, que me enseñe,
> me guíe, me gobierne.
> Ayúdame a comprender que la gracia hace todo esto
> mediante la providencial aflicción,
> porque cuando mi crédito es el dios,
> tú me abates;
> cuando las riquezas son mi ídolo,
> tú me las quitas;
> cuando el placer es mi todo,

tú lo conviertes en amargura.
Quítame la mirada errante, el oído curioso,
el apetito avaro, el corazón carnal.
Muéstrame que ninguna de estas cosas
puede sanar la conciencia herida,
ni sostener una estructura bamboleante,
ni detener a un espíritu que parte.
Entonces, llévame a la cruz, y déjame allí.[4]

Hay una promesa especial que está unida al rasgo del desamparo espiritual: ". . . porque de ellos es el reino de los cielos". Eso lo dijo Jesús. La condición indispensable para recibir una parte en el reino de los cielos es el reconocimiento de nuestra pobreza espiritual. A la persona que tiene un corazón de siervo —que no es distinta del niño que confía completamente en la provisión de sus padres—, se le promete un lugar en el reino de Cristo. La actitud *opuesta* se manifiesta claramente en la congregación de Laodicea, que fue severamente reprendida por Cristo. Eran tan orgullosos que estaban ciegos con respecto a su propio egoísmo:

> Yo conozco tus obras, que ni eres frío ni caliente. ¡Ojalá fueses frío o caliente! Pero por cuanto eres tibio, y no frío ni caliente, te vomitaré de mi boca. Porque tú dices: Yo soy rico, y me he enriquecido, y de ninguna cosa tengo necesidad; y no sabes que tú eres un desventurado, miserable, pobre, ciego y desnudo (Apocalipsis 3:15-17).

Es muy probable que no hubiera ni un solo siervo en toda la congregación de Laodicea.

En la vida de un siervo auténtico, lo primero y más importante es una profunda y permanente dependencia del Señor viviente. El reino de Dios se les promete a los que tienen tal actitud.

"Los que lloran"

Cuando Mateo registró la enseñanza de Cristo, escogió el término griego más fuerte de todo su vocabulario, cuando escribió la palabra *"lloran"*. Es una palabra fuerte: un lamento apasionado por uno que fue amado con profunda devoción. Da a entender la tristeza de un corazón afligido, el dolor del alma, la angustia de la mente. Pudiera incluir varias escenas:

- Llorar por el mal que hay en el mundo.
- Llorar por una pérdida personal.
- Llorar por la propia maldad y pecaminosidad de uno.

- Llorar por la muerte de algún ser querido.

Es interesante que este término particular incluye un significado de compasión, una sincera preocupación por otros. Tal vez pudiéramos elaborar una paráfrasis satisfactoria. La siguiente: "¡Qué felices son aquellos que se preocupan intensamente por las heridas, las tristezas y las pérdidas de los demás . . . !" En el corazón de este rasgo del carácter está la *compasión,* otra actitud de siervo que tanto se necesita en el día de hoy.

Hace varios años, uno de los hombres de nuestra iglesia se cayó mientras tomaba la ducha por la mañana. El piso estaba liso y resbaló. Fue a dar con todo su peso sobre una lámina de vidrio. El vidrio roto le hizo una profunda herida en el brazo y alrededor del bíceps. La sangre se esparció por todo el baño. Pronto se vio la luz intermitente, sonaron las sirenas de la ambulancia que acudió con personal auxiliar de enfermería, y el altavoz hacía un ruido estridente desde dentro del coche. El hombre fue colocado en una camilla mientras la familia llegaba apresuradamente en una carrera contra reloj, para trasladarlo al puesto de emergencia más cercano. Estamos agradecidos de que se le salvó la vida, y finalmente él se recuperó.

Cuando hablé con la esposa de él acerca de esta experiencia severa, ella me dijo que ni un solo vecino había mirado siquiera desde la puerta de su casa, ni mucho menos se había detenido a ver si ellos necesitaban alguna ayuda. Ni uno . . . ni en ese momento, ni después. No manifestaron compasión. Carecían de la "preocupación mutua". ¡Cuán diferente es nuestro Salvador! Se nos dice:

> Porque no tenemos un sumo sacerdote que no pueda compadecerse de nuestras debilidades, sino uno que fue tentado en todo según nuestra semejanza, pero sin pecado (Hebreos 4:15).

Los verdaderos siervos son como su Señor: compasivos.

¿Y cuál es la promesa para "los que lloran"? El Salvador promete: ". . . recibirán consolación". Ellos podrán reclamar consolación. Me parece significativo el hecho de que no se menciona la fuente ni el cauce de esta consolación. Simplemente, *vendrá.* Tal vez de la misma persona a la cual el siervo cuidó cuando hubo la necesidad. Hay algo que es axiomático: No puede haber una pequeña consolación donde no ha habido aflicción.

Hasta ahora hemos hallado dos actitudes en los verdaderos

siervos: una dependencia suma y una fuerte compasión. Hay más, mucho más.

"Los mansos"

El tercer rasgo característico que Jesús incluye en su retrato de un siervo es la mansedumbre. "Bienaventurados los mansos, porque ellos recibirán la tierra por heredad" (versículo 5).

De inmediato, podemos recibir una falsa impresión. Pudiéramos pensar: "Bienaventurados los débiles, porque ellos llegarán a ser felpudos". A causa de nuestro individualismo rudo y áspero, pensamos que la mansedumbre es debilidad, ser suaves y virtualmente débiles de carácter. ¡No es así! El término griego es sumamente colorido, y nos ayuda a entender correctamente por qué el Señor ve la necesidad de que los siervos sean mansos.

Tal término se usa de diversas maneras en la literatura no bíblica:

- A un caballo salvaje que ha sido domado, sometido a control, se lo califica de "manso".
- De las palabras cuidadosamente escogidas que suavizan las emociones fuertes se dice que son palabras "mansas" o "suaves".
- Al ungüento que quita la fiebre y saca el aguijón de una herida se lo llama "manso" o "suave".
- En una de las obras de Platón, un niño le pide al médico que sea tierno al tratarlo. El niño usa el adjetivo "manso".
- De las personas que son corteses, que tienen tacto y que tratan a las demás con dignidad y respeto, se dice que son personas "mansas" o "suaves".

Así que, entonces, la mansedumbre incluye cualidades tan envidiables como controlar la fuerza, ser uno calmado y pacífico cuando está rodeado de una atmósfera acalorada, producir un efecto suavizante sobre aquellos que puedan estar airados o fuera de sí, y poseer tacto y una bondadosa cortesía que haga que otros retengan su propia estima y dignidad. Claramente, incluye una semejanza a Cristo, puesto que la misma palabra se usa para indicar el propio carácter de él:

> Venid a mí todos los que estáis trabajados y cargados, y yo os haré descansar. Llevad mi yugo sobre vosotros, y aprended de mí, que soy manso y humilde de corazón; y hallaréis descanso para vuestras almas (Mateo 11:28, 29).

¿Y qué significa la promesa ". . . *porque ellos recibirán la tierra por heredad"*? Puede entenderse en una de dos maneras: ahora o posteriormente. Puede significar: "ellos finalmente saldrán victoriosos en esta vida". O: "se les darán amplios territorios en el reino para que juzguen y gobiernen". En vez de perder, los mansos *ganan.* En vez de que la gente se abuse de ellos, y de que les saquen ventaja, ¡saldrán adelante! David menciona esto en uno de sus más grandes salmos:

> Guarda silencio ante Jehová, y espera en él.
> No te alteres con motivo del que prospera en su camino,
> Por el hombre que hace maldades.
> Deja la ira, y desecha el enojo;
> No te excites en manera alguna a hacer lo malo.
> Porque los malignos serán destruidos,
> Pero los que esperan en Jehová, ellos heredarán la tierra.
> Pues de aquí a poco no existirá el malo;
> Observarás su lugar, y no estará allí.
> Pero los mansos heredarán la tierra,
> Y se recrearán con abundancia de paz (Salmo 37:7-11).

¿Ve usted el contraste?

Según la apariencia externa parece que el perverso saliera victorioso. Ellos prosperan en su camino, en sus planes de trabajo, en sus engaños y mentiras, y su trato injusto hacia otros parece darles dividendos. Simplemente parece que cada día se hacen más y más ricos y poderosos. Tal como una vez lo expresó James Russell Lowell:

> La verdad para siempre en el cadalso,
> La maldad para siempre en el trono.

Pero Dios dice que eso no será así "para siempre". La victoria final no la *ganarán* los perversos. "Los mansos" la ganarán. Usted que es un siervo en formación, ¡crea eso! ¡Sea diferente del sistema! Permanezca en el cadalso . . . confíe que su Padre celestial cumplirá la promesa con respecto a la herencia que le corresponde a usted. Usted será el bienaventurado.

Antes de terminar este capítulo, quiero considerar otro rasgo característico del siervo: el cuarto de los ocho.

"Los que tienen hambre y sed de justicia"

El verdadero siervo posee un hambre insaciable de lo justo, una inclinación apasionada hacia la justicia. En sentido espiritual, el siervo está empeñado en una búsqueda de Dios . . . un ardiente, infatigable y anhelante deseo de andar con él, de complacerlo.

Bernard de Clairveaux expresó esto en el siglo XI, en su himno *Jesús, tú eres el gozo de los corazones amantes,* de la siguiente manera:

> Oh, Pan viviente, de ti dependemos,
> Y anhelamos festejar continuamente en ti;
> bebemos de ti, divina Fuente,
> de ti nuestras almas se quieren henchir.[5]

De la pluma de Bernard fluía esa hambre insaciable de Dios.

Pero también hay un lado práctico en esta cuarta bienaventuranza. No sólo incluye el mirar hacia arriba, perseguir verticalmente la santidad, sino también mirar alrededor y afligirse uno por la corrupción, las iniquidades, la vulgar falta de integridad, las componendas morales que abundan. El siervo "tiene hambre y sed de justicia" en la tierra. Como no están dispuestos simplemente a suspirar y a encogerse de hombros por la falta de justicia y de pureza, la cual es inevitable, los siervos siguen firmes en pos de la justicia. Algunos los llamarían idealistas o soñadores.

Uno de tales individuos fue Dag Hammarskjöld, quien fuera secretario general de las Naciones Unidas, y muriera en un trágico accidente aéreo mientras volaba por el norte de Rodesia en una misión para negociar un cese al fuego. En su libro *Markings* (Señales), este hombre de estado escribió:

> Siento hambre en mi ser, en la tierra de las pasiones. Hambre de compañerismo, hambre de justicia: de un compañerismo que se base en la justicia, y de una justicia que se logre en el compañerismo.
>
> Sólo la vida puede satisfacer las demandas de la vida. Y esta hambre mía puede ser satisfecha por la simple razón de que la naturaleza de la vida es tal que yo puedo hacer real mi individualidad convirtiéndome en un puente para otros, en una piedra del templo de la justicia.
>
> No se tema a sí mismo, viva su propia individualidad a plenitud, pero para el bien de otros. No imite a otros a fin de comprar el compañerismo, ni haga la costumbre su ley, en vez de vivir la justicia.
>
> Ser libre y responsable. Sólo para esto fue creado el hombre . . . [6]

¿Y qué ocurrirá cuando esta gran hambre sea parte de la vida de uno? ¿Qué promete Jesús?

. . . ellos serán saciados.

A. T. Robertson, un erudito en griego de años pasados, sugiere que el término "saciados" se usaba comúnmente para hacer referencia a alimentar y engordar ganado, pues se deriva de un término que servía de nombre al forraje o pasto.[7] ¡Qué cuadro de contentamiento! Como ganado bien alimentado, con el alma contenta y satisfecha, el siervo que tiene hambre de justicia será saciado. Es consolador leer esta promesa. Normalmente, uno pensaría que una búsqueda tan insaciable lo colocaría a uno en una labor tan intensa que sólo habría mal humor y agitación. Pero no. Jesús promete traer satisfacción a las almas que tengan hambre y sed . . . un descanso de espíritu que comunique un contentamiento apacible.

RESUMEN PRELIMINAR Y PREGUNTAS

Sólo estamos a mitad de camino en la lista de bienaventuranzas, pero es un buen punto para detenernos y resumir lo que hemos estado viendo en este inspirado retrato hasta ahora. Jesús describe cómo puede ser diferente un siervo, cómo puede ser único en este mundo hostil y perverso. El honra estos rasgos particulares del carácter y ofrece una recompensa especial para cada uno.

1. A los que son genuinamente humildes delante de Dios, que se vuelven hacia él con absoluta dependencia, les asegura que tendrán un lugar en su reino.
2. A los que muestran compasión en favor de los necesitados, de los que sufren, recibirán mucha consolación en sus vidas.
3. A los mansos —que son fuertes por dentro y, sin embargo, se controlan por fuera, que traen una suavizante afabilidad a las situaciones de irritación—, los hará salir victoriosos.
4. Los que tienen un hambre profunda de justicia, tanto celestial como terrenal, recibirán del Señor una extraordinaria medida de contentamiento y satisfacción personal.

Antes de estudiar los últimos cuatro rasgos característicos del siervo, en el capítulo siguiente, hagámonos unas preguntas (trate usted de contestar a cada una de manera directa y sincera):

- ¿Soy realmente diferente?
- ¿Tomo yo todo esto en serio . . . tanto que estoy dispuesto a cambiar?
- ¿Comienzo a comprender el hecho de que servir a otros es una de las actitudes más parecidas a Cristo que yo pueda tener?
- ¿Qué diferencia significativa producirán en mi vida las ideas expresadas en este capítulo?

La pregunta fundamental no es: "¿Qué quieres ser cuando seas grande?" Sino: "¿Qué está llegando a ser usted, ahora cuando ya es grande?"

8

Retrato de un siervo: Segunda parte

Uno no pasa corriendo por una galería de arte, sino que pasa lentamente. A menudo se detiene, estudia las obras de arte que allí están atesoradas y toma tiempo para apreciar las pinturas. Uno examina la textura, la técnica, la elección de colores y la mezcla de ellos, los rasgos sutiles, y también los osados del pincel, las sombras. Y cuanto más valioso sea el lienzo tanto más tiempo y consideración merece. Tal vez uno vuelva a verlo para estudiarlo con más profundidad, especialmente si es un estudiante de ese artista particular.

En la galería de su inapreciable obra, el Señor incluyó un retrato de inmenso valor. Es el retrato de un siervo, cuidadosamente pintado con palabras. Se necesita tiempo para entenderlo y apreciarlo. El marco en que fue colocado este cuadro es el Sermón del Monte, de Jesucristo. Ya hemos examinado una parte del retrato, pero volvemos a echarle otra mirada, con la esperanza de ver más que nos ayude a llegar a ser aquella clase de personas que el Artista retrató.

ANALISIS DE OTRAS CUATRO CUALIDADES

En su retrato oral de un siervo, Cristo destaca ocho características o cualidades. En el capítulo anterior estudiamos las primeras cuatro. Ahora volvemos a ver el cuadro para analizar las últimas cuatro.

> Bienaventurados los misericordiosos, porque ellos alcanzarán misericordia.
> Bienaventurados los de limpio corazón, porque ellos verán a Dios.
> Bienaventurados los pacificadores, porque ellos serán llamados hijos de Dios.
> Bienaventurados los que padecen persecución por causa de la justicia, porque de ellos es el reino de los cielos.
> Bienaventurados sois cuando por mi causa os vituperen y os persigan, y digan toda clase de mal contra vosotros, mintiendo.
> Gozaos y alegraos, porque vuestro galardón es grande en los cielos; porque así persiguieron a los profetas que fueron antes de vosotros (Mateo 5:7-12).

"Los misericordiosos"

Tener misericordia es preocuparse por las personas que tienen necesidad. Es un ministerio en favor de los desdichados. El ofrecer ayuda a los que sufren . . . bajo los perturbadores golpes de la adversidad y las penurias. El término mismo tiene un interesante fondo histórico.

> No significa solamente simpatizar con una persona en el sentido popular del término; no significa simplemente sentir tristeza por alguien que se encuentra en aflicción. El término *chesedh, misericordia,* significa la capacidad para penetrar dentro de la piel de otra persona . . . Claramente, esto es mucho más que una onda emocional de compasión; claramente demanda un esfuerzo completamente intencional de la mente y de la voluntad. Denota una simpatía que no es dada como si viniera de afuera, sino que procede de una deliberada identificación con la otra persona, hasta que vemos las cosas como la otra persona las ve, y las sentimos como ella las siente.[1]

Los siervos especiales de Dios que extienden misericordia hacia los desdichados, a menudo lo hacen así con mucho ánimo por cuanto se identifican con los que sufren: "penetran dentro de la piel de ellos". En vez de observar a distancia o de mantener alejados a los necesitados, se ponen en contacto con ellos, entran en sus problemas y ofrecen ayuda que alivie algo del dolor.

Un numeroso grupo de estudiantes universitarios de nuestra iglesia en Fullerton, California, se apiñan en nuestro autobús un fin de semana cada mes y viajan juntos: no a un retiro de montaña, ni a la playa para divertirse y jugar, sino a un lugar muy pobre que se halla en Tijuana, México, donde viven centenares de familias sumidas en la pobreza. Nuestros jóvenes adultos, bajo la dirección estimulante de Kenneth Kemp (un miembro del equipo pastoral de la iglesia), llevan manzanas y otros alimentos, y algo de dinero que han recogido para compartir con aquellos que viven en la miseria. Hay ocasiones en que los estudiantes casi no pueden creer lo que ven, oyen y *huelen,* cuando ven directamente la pobreza cruda, sin máscara en ese lugar de Tijuana.

¿Qué es lo que están haciendo? Están manifestando misericordia . . . es un ministerio que nació del vientre de la identificación. En nuestra sociedad aislada y fría, rara vez se manifiesta la misericordia. Los relatos conmovedores constituyen los titulares de los periódicos hoy con notable regularidad.

Una joven fue brutalmente atacada cuando regresaba a su apartamento a altas horas de la noche. Ella lloró y gritó mientras luchaba por su vida . . . gritó hasta quedar ronca . . . durante 30 minutos fue golpeada y abusaron de ella. Unas 38 personas observaron el episodio de media hora con extasiada fascinación desde sus ventanas. Ninguna de estas personas se movió siquiera hasta el teléfono para llamar a la policía. Ella murió esa noche mientras 38 testigos miraban en silencio.

Se publicó otra experiencia similar. En un tren subterráneo iba un joven de 17 años. Iba tranquilamente pensando en sus propios quehaceres cuando unos atacantes lo acuchillaron repetidamente en el estómago. Once personas que iban en el tren observaron el acuchillamiento, pero ninguno acudió a ayudar al joven. Aun después de que los asesinos hubieron huido, y el tren se hubo marchado de la estación, y el joven quedó allí en un pozo de su propia sangre, ninguno de los once acudió a su lado.

Menos dramática, pero igualmente conmovedora, fue la prueba severa a que fue sometida una señora en la ciudad de Nueva York. Mientras hacía compras en la Quinta Avenida del activo Manhattan, esta mujer tropezó y se fracturó una pierna. Aturdida, angustiada y en medio del sobresalto, ella comenzó a pedir auxilio. No hizo esto durante dos minutos, ni durante 20 minutos. Lo hizo durante 40 minutos, mientras los compradores, los hombres de negocios, los estudiantes y los comerciantes caminaban alrededor de ella y le pasaban por encima, pasando por alto de manera completa los clamores de ella. Después que, en números reales, habían pasado por el sitio centenares de personas, un taxista acercó su vehículo, la subió al taxi y la llevó a un hospital de la localidad.

> Y si un hermano o una hermana están desnudos, y tienen necesidad del mantenimiento de cada día, y alguno de vosotros les dice: Id en paz, calentaos y saciaos, pero no les dais las cosas que son necesarias para el cuerpo, ¿de qué aprovecha? (Santiago 2:15, 16).

El apóstol Juan profundiza aun más cuando pregunta:

> Pero el que tiene bienes de este mundo y ve a su hermano tener necesidad, y cierra contra él su corazón, ¿cómo mora el amor de Dios en él? (1 Juan 3:17).

Los verdaderos siervos son misericordiosos. Se preocupan. Se meten en las cosas. Se ensucian, si es necesario. Ofrecen algo más que palabras piadosas.

¿Y qué obtienen como recompensa? ¿Qué les promete Cristo? "*. . . ellos alcanzarán misericordia*". Aquellos que permanecen desprendidos, distantes y que no se interesan en los demás, recibirán un tratamiento de esta misma clase. Pero Dios promete que los que se extienden para demostrar misericordia, recibirán misericordia como recompensa. La recibirán tanto de otras personas como del mismo Dios. Pudiéramos parafrasear esta bienaventuranza: "¡Qué feliz es el que se identifica con otros que están en necesidad y los ayuda, que se mete dentro de la piel de ellos de manera tan completa que ve con los ojos de ellos, y tiene los pensamientos y los sentimientos de ellos. El que hace eso hallará que los demás hacen lo mismo a favor de él cuando se halle en necesidad".

Eso fue exactamente lo que Jesús, nuestro Salvador, hizo a favor de nosotros cuando vino a la tierra. Se hizo hombre. Se metió dentro de nuestra piel, en el sentido real del término. Eso hizo posible que él viera la vida a través de nuestros ojos, que sintiera el aguijón de nuestro dolor, que se identificara con la angustia de la necesidad humana. El entiende. Recuerde usted las siguientes palabras grandiosas:

> Por tanto, teniendo un gran sumo sacerdote que traspasó los cielos, Jesús el Hijo de Dios, retengamos nuestra profesión. Porque no tenemos un sumo sacerdote que no pueda compadecerse

de nuestras debilidades, sino uno que fue tentado en todo según nuestra semejanza, pero sin pecado (Hebreos 4:14, 15).

"Los de limpio corazón"

Como ocurre con la primera característica —"pobres en espíritu" (versículo 3)—, esta cualidad hace hincapié en el hombre interior . . . el motivo . . . el "corazón". No se refiere simplemente a hacer lo bueno, sino a *hacer lo bueno por la razón correcta.* Se refiere a estar uno libre de la duplicidad, de la hipocresía y de la vergüenza. Dios desea que sus siervos sean individuos reales, auténticos hasta la médula. El retrato que él pinta es realista.

En el tiempo de Jesús, muchas de las autoridades religiosas que afirmaban servir al pueblo no eran "de limpio corazón". ¡Estaban lejos de serlo! Eran hipócritas y farsantes. Jugaban un papel que carecía de integridad interna. En Mateo 23 —una de las más severas reprensiones de toda la Biblia contra la hipocresía—, hallamos palabras que contrastan fuertemente con las bienaventuranzas. En vez de las ocho bienaventuranzas hay ocho ayes. Cuéntelos usted: Mateo 23:13, 14, 15, 16, 23, 25, 27, 29.

¿Ay de quiénes? Bueno, leamos los versículos 25-28:

> ¡Ay de vosotros, escribas y fariseos, hipócritas! porque limpiáis lo de fuera del vaso y del plato, pero por dentro estáis llenos de robo y de injusticia. ¡Fariseo ciego! Limpia primero lo de dentro del vaso y del plato, para que también lo de fuera sea limpio. ¡Ay de vosotros, escribas y fariseos, hipócritas! porque sois semejantes a sepulcros blanqueados, que por fuera, a la verdad, se muestran hermosos, mas por dentro están llenos de huesos de muertos y de toda inmundicia. Así también vosotros por fuera, a la verdad, os mostráis justos a los hombres, pero por dentro estáis llenos de hipocresía e iniquidad.

¡Ay! ¡Fue Jesús quien pronunció esas palabras! Se duda que él despreciara alguna cosa más, entre aquellos que afirmaban que servían a Dios, que la hipocresía: ésa era una falta de corazón limpio. ¿Notó usted lo que caracterizaba a los fariseos farsantes?

- Ellos imponían muchos reglamentos y tenían muy poca piedad.
- Ellos exageraban lo externo, pero muy poco pensaban en lo interno.
- Ellos eran notorios en mandamientos públicos, pero personalmente obedecían muy poco.
- Eran grandes en la apariencia, y pequeños en la realidad.

Por fuera se mostraban "justos a los hombres", pero por dentro estaban "llenos de huesos de muertos y de toda inmundicia". ¿Por qué el Señor odió tanto esa actitud? Porque representaba la antítesis del servicio. Por tanto, vez tras vez, anunció: "¡Ay de vosotros . . . !"

Volvamos a Mateo 5:8: "los de limpio corazón". Jesús elogia esta virtud. El término que se tradujo "limpio" tiene sentido literal. Expresa la idea de no estar uno contaminado ni mezclado con la corrupción. No tener engaño . . . ser sincero y honesto en los motivos.

Me encanta la historia del bien conocido pastor inglés que, hace muchos años, tomó el tranvía un lunes por la mañana para ir desde su casa situada en los suburbios, a su iglesia ubicada en el centro de Londres. Al entrar, pagó su pasaje. Como iba preocupado con su apretado programa de trabajo y con las necesidades de su gran congregación, no se dio cuenta hasta cuando se sentó de que el conductor le había devuelto demasiado dinero. Al tocar las monedas con los dedos, le vino primero un pensamiento extraño: "¡Hombre, cuán maravillosamente provee Dios!" Pero mientras más pasaba el tiempo allí sentado, menos cómodo se sentía. Su conciencia le envió una fuerte señal para convencerlo de que estaba haciendo mal. Cuando se acercó a la puerta del tranvía para bajarse cerca de su parroquia, miró al conductor y le dijo suavemente: —Cuando me subí, usted me devolvió equivocadamente más de lo justo.

El conductor, con una sonrisa torcida, respondió: —No cometí ninguna equivocación en absoluto. Yo estuve en su congregación ayer, y oí su sermón sobre la honestidad. Simplemente decidí probarlo, reverendo.

Cristo promete que los siervos consecuentes que son de limpio corazón "verán a Dios". No hay duda con respecto al destino de estos individuos. Con toda seguridad, en algún día futuro, estos siervos verán al Señor, y oirán las palabras más significativas que jamás habrán entrado en oídos humanos: ". . . Bien, buen siervo y fiel; sobre poco has sido fiel, sobre mucho te pondré; entra en el gozo de tu señor" (Mateo 25:21).

Antes de pasar a la siguiente cualidad del siervo, permítame desafiarlo a usted a que sea "limpio de corazón". Piense usted en lo que significa eso, en los cambios que usted tendría que hacer, en los hábitos que tendría que romper . . . por encima de todo, en las máscaras que usted tendría que quitarse.

Mientras escribo estas palabras, mi familia y yo nos encontramos pasando la semana de Acción de Gracias en las montañas Rocosas, en un refugio para esquiar en Keystone, Colorado. Fui invitado a hablar a unas 500 personas profesionales, solteras. Muchas de ellas pertenecen a la Cruzada Estudiantil y Profesional para Cristo. ¡Qué buena gente! Toda la semana he estado hablando acerca del servicio (¿le parece a usted conocido el tema?) y haciendo hincapié en que debemos ser reales, auténticos y de limpio corazón. Hemos discutido nuestra tendencia a encubrir, a decir una cosa y querer decir otra, a ser completamente hipócritas; sin embargo, lo hacemos de manera tan hábil que nadie lo sabe.

Anoche decidí hacer algo que nunca antes había hecho para recalcar un punto. En mi último cumpleaños, mi hermana me había dado una máscara de goma que cubría toda la cara por completo . . . una de aquellas cosas extravagantes en que uno mete la cabeza y le queda toda cubierta. Ella me dijo que me regalaría diez dólares si yo usaba esa máscara en el púlpito un domingo (mis hijos elevaron esa cantidad a 15 dólares), ¡pero yo simplemente no podía hacer eso! Bueno, anoche usé esa horrible bestia cuando pasé al frente para hablar. Me imaginé que si había algunos individuos que podrían soportar esto, serían los componentes de esta banda. *¡Lo que se produjo fue un alboroto total!*

Yo no llamé la atención al hecho de que estaba enmascarado. Sin ninguna explicación, simplemente me puse de pie y comencé a hablar sobre la necesidad de ser auténticos. Ahí estaba yo avanzando de prisa, haciendo declaración tras declaración, mientras el lugar reventaba de risa. ¿Por qué? ¡Cualquiera lo sabe! Mi máscara cancelaba todo lo que yo decía, especialmente sobre ese tema.

Finalmente me la quité, y el lugar volvió a la tranquilidad casi de inmediato. Tan pronto como lo hice, todos comprendieron lo que yo quería decir. Es gracioso; cuando usamos máscaras materiales no engañamos a nadie. ¡Pero qué fácil es usar máscaras invisibles y engañar a las personas por centenares, semana tras semana! ¿Sabía usted que la palabra *hipócrita* viene de las antiguas comedias griegas? Un actor se ponía en la cara una máscara sonriente y recitaba el papel que le correspondía en la comedia, mientras rugía la risa del auditorio. Luego se deslizaba hacia la parte de atrás del escenario, y se ponía una máscara triste, con la frente arrugada y de tamaño exagerado, y volvía al escenario para recitar un papel trágico, mientras el auditorio gemía y lloraba. Adivine usted qué nombre se le daba a este autor. Un *hupocritos*, es decir, uno que usa una máscara.

Los siervos que son de "limpio corazón" se han quitado las máscaras. Y Dios derrama una bendición especial sobre sus vidas.

"Los pacificadores"

Es interesante que en todo el Nuevo Testamento, ésta es la única vez en que aparece el término griego que se tradujo "pacificadores". Tal vez nos ayudaría a entender el significado el hecho de indicar primero *lo que no significa.*

• No significa: "Bienaventurados los que evaden todos los conflictos y confrontaciones".

• Tampoco significa: "Bienaventurados los que están recostados, plácidos y reposados".

• Ni significa: "Bienaventurados los que defienden la filosofía de 'una paz a cualquier precio' ".

• No significa: "Bienaventurados los pasivos, los que comprometen sus convicciones cuando están rodeados por personas que no están de acuerdo con ellos".

No, ninguna de estas ideas caracteriza al "pacificador" de que nos habla este versículo.

La fuerza general que tiene la Escritura es la del imperativo: "¡Haced la paz!" Simplemente leamos:

> Si es posible, en cuanto dependa de vosotros, estad en paz con todos los hombres (Romanos 12:18).

> Así que, sigamos lo que contribuye a la paz y a la mutua edificación (Romanos 14:19).

> Porque donde hay celos y contención, allí hay perturbación y toda obra perversa. Pero la sabiduría que es de lo alto es primeramente pura, después pacífica, amable, benigna, llena de misericordia y de buenos frutos, sin incertidumbre ni hipocresía. Y el fruto de justicia se siembra en paz para aquellos que hacen la paz. ¿De dónde vienen las guerras y los pleitos entre vosotros? ¿No es de vuestras pasiones, las cuales combaten en vuestros

miembros? Codiciáis, y no tenéis; matáis y ardéis de envidia, y no podéis alcanzar; combatís y lucháis, pero no tenéis lo que deseáis, porque no pedís (Santiago 3:16 al 4:2).

¿Lo comprende? El "pacificador" es un siervo que, en primer lugar, está en paz consigo mismo: que internamente está tranquilo, que no está agitado, ni de mal temperamento, ni en confusión . . . y, por tanto, no es áspero. En segundo lugar, el siervo se esfuerza mucho por arreglar las disputas, no las comienza . . . está dispuesto a aceptar, a tolerar, no siente placer en ser negativo.

Dicho en las palabras de Efesios 4:3, los pacificadores son ". . . solícitos en guardar la unidad del Espíritu en el vínculo de la paz".

¿Ha estado usted alguna vez con cristianos que *no* son pacificadores? Por supuesto. ¿Es agradable eso? ¿Siente usted que en ellos hay el corazón de un siervo? ¿Se ha edificado usted, y se ha animado al estar con ellos? ¿El cuerpo de Cristo se ha fortalecido y ha recibido apoyo? Ya sabe cuáles son las respuestas.

Leslie Flynn, en su magnífico libro *Great Church Fights* (Grandes peleas de la iglesia) (me gusta ese título), realizó una obra maestra al describir cuán mezquinos y ásperos podemos llegar a ser. El incluye un poema anónimo que da un mordizco profundo a nuestra rígida intolerancia. Allí se expone nuestra tendencia a la exclusividad para que todos la vean:

> Cree lo que yo creo, ni más ni menos:
> que yo tengo razón, y sólo yo la tengo.
> Siente como yo siento, piensa sólo lo que pienso,
> come lo que yo como, y bebe lo que bebo.
> Mira como yo miro, y haz como siempre hago y digo.
> Entonces, y sólo entonces, tendré comunión contigo.[2]
>
> *Autor desconocido*

Puedo asegurarle a usted que cualquiera que viva en conformidad con esa filosofía no puede ser pacificador.

Pero ya hemos hablado suficientemente de lo negativo. Salomón nos da sabios consejos en relación con algunas de las cosas que hacen los pacificadores.

• **Ellos edifican.** "La mujer sabia edifica su casa . . ." (Proverbios 14:1).

• **Tienen cuidado con sus lenguas, y sanan en vez de herir.** "La blanda respuesta quita la ira . . ." (Proverbios 15:1). "Panal de miel son los dichos suaves; suavidad al alma y medicina para los huesos" (Proverbios 16:24).

• **Tardan en airarse.** "El hombre iracundo promueve contiendas; mas el que tarda en airarse apacigua la rencilla" (Proverbios 15:18). "Mejor es el que tarda en airarse que el fuerte; y el que se enseñorea de su espíritu, que el que toma una ciudad" (Proverbios 16:32).

• **Son humildes y confiados.** "El altivo de ánimo suscita contiendas; mas el que confía en Jehová prosperará" (Proverbios 28:25).

El Señor Jesús hace una maravillosa promesa que pueden reclamar los pacificadores: ". . . ellos serán llamados hijos de Dios". ¡Hijos de Dios! Son pocas las cosas que se parecen más a Dios que la *paz.* Cuando nosotros la promovemos, la perseguimos, la exhibimos como modelos, estamos eslabonados directamente con él.

Durante dos décadas he admirado a un hombre que me enseñó hebreo en el seminario hace muchos años: el doctor Bruce Waltke. El no sólo es un erudito por excelencia en lenguas semitas, sino que también es un amable siervo del Señor. Para mí, él es uno de los mejores ejemplos de un pacificador en la familia de Dios. Es demasiado brillante como para que yo pueda describirlo con palabras; sin embargo, es el epítome de la gracia y del amor. ¡Qué magnífico equilibrio!

Hace unos cuantos años fuimos cuatro predicadores del evangelio: el doctor Waltke, otro pastor, un estudiante que estaba en la escuela de posgrado de la Universidad Brandeis (también graduado del seminario) y yo, a visitar la iglesia madre de la Primera Iglesia Científica de Cristo en el centro de Boston. Los cuatro éramos completamente desconocidos para la anciana que nos sonrió al entrar. Ella no sabía que estaba saludando a cuatro pastores evangélicos. Y nosotros decidimos no identificarnos, por lo menos al principio.

Ella nos mostró varias cosas interesantes en el piso principal. Cuando llegamos al órgano de varios teclados, ella comenzó a hablar acerca de las doctrinas de ellos, especialmente de la creencia que ellos tienen de que no habrá juicio después de esta vida. El doctor Waltke esperó el momento preciso, y de manera indiferente le preguntó:

—Pero, señora, ¿no dice en alguna parte de la Biblia que "está establecido para los hombres que mueran una sola vez, y después de esto el juicio"?

¡El hubiera podido citar Hebreos 9:27 en griego! Pero fue muy bondadoso. Tuvo mucho tacto con la pequeña señora. Tengo que confesar que yo estaba detrás pensando: "Ataca, Bruce. ¡La tenemos arrinconada!"

La mujer, sin hacer ninguna pausa, simplemente dijo: —¿Les gustaría ver el segundo piso?

¿Sabe usted lo que el doctor Waltke respondió?

—Ciertamente nos gustaría, gracias.

Ella sonrió, algo aliviada, y comenzó a conducirnos por el tramo de gradas.

¡Yo no le podía creer! Sólo podía pensar en esto: "No, no la deje que se escape. ¡Haga que ella le conteste su pregunta!" Mientras yo luchaba internamente, me tomé del brazo del erudito, y le pregunté en voz baja: —¡Epa! ¿Por qué no le exigió una respuesta a la señora? ¿Por qué no presionó el punto sin dejarla escapar hasta que respondiera?

—Pero, Charles —me susurró tranquila y calmadamente, mientras me ponía una mano sobre el hombro—, eso no hubiera sido justo. Tampoco hubiera sido muy amable. ¿Verdad?

¡Pum! Eso fue un golpe. La apacible reprensión me dejó tambaleándome. Nunca olvidaré ese momento. Y para completar el relato, a usted le interesará saber que en menos de 20 minutos ya estaba él sentado a solas con esta mujer, hablando con ella de manera tierna y cuidadosa acerca del Señor Jesucristo. Ella se quedó arrobada prestándole atención. El, el bondadoso pacificador, había ganado el derecho a que ella lo oyera. Y yo, el agresivo arrebatador, había aprendido una lección inolvidable.

¿Sabe usted qué fue lo que ella vio en mi amigo? Una representación viviente de uno de los hijos de Dios . . . exactamente lo que Dios prometió en su bienaventuranza . . . "*ellos serán llamados hijos de Dios*".

En este capítulo hemos estado examinando un retrato. Hemos visto al siervo como misericordioso, auténtico, como uno que activamente persigue la paz. Queda una parte final del cuadro en la cual necesitamos detenernos para apreciarla.

"Los que padecen persecución"

No sé cómo le afecta esto a usted, pero a primera vista parece estar mal colocado. Especialmente por ir después de lo que acabamos de aprender en cuanto a ser pacificadores. Pero este rasgo no está mal colocado. Realmente, el mal trato a menudo lo reciben aquellos que hacen lo recto. Trataré este aspecto ampliamente en el capítulo 12 de este mismo libro. Los que genuinamente deseamos servir a otros, pronto descubrimos que el hecho de ser maltratados no es la excepción. ¡Es la regla! Cristo sabía que así era. Leamos con detenimiento los versículos.

> Bienaventurados los que padecen persecución por causa de la justicia, porque de ellos es el reino de los cielos. Bienaventurados sois cuando por mi causa os vituperen y os persigan, y digan toda clase de mal contra vosotros, mintiendo. Gozaos y alegraos, porque vuestro galardón es grande en los cielos; porque así persiguieron a los profetas que fueron antes de vosotros (Mateo 5:10-12).

¿Notó usted algo? No dice: "si por mi causa os vituperan", sino "cuando por mi causa os vituperen". Y no sólo os vituperarán, sino que os perseguirán y dirán toda clase de mal contra vosotros: mentiras y acusaciones calumniosas. Jesús se refiere claramente a ser uno tratado de manera cruel. ¡Eso es difícil de soportar! Pero el Salvador dice que seremos bienaventurados cuando lo soportemos, y promete un gran galardón por soportar con paciencia y madurez. Hay ocasiones en que la única manera en que los siervos pueden pasar a través de tan severas pruebas sin amargarse consiste en poner la mirada en las recompensas que se les han ofrecido. Incluso Jesús dice que debemos "gozarnos y alegrarnos", al pensar en las grandes recompensas que él nos dará en el cielo.

Charles Haddon Spurgeon sigue siendo uno de los predicadores más coloridos y talentosos de la historia de la iglesia. Cualquier hombre a quien le encante predicar y desee cultivar el arte y la habilidad de la comunicación tiene que estudiar a Spurgeon. Antes que este hombre cumpliera los 30 años de edad, ya era el predicador más popular de Inglaterra. El Nuevo Tabernáculo se llenaba hasta desbordar todos los domingos, cuando personas que vivían a kilómetros de distancia acudían a caballo y en carrozas a oír al predicador que de una manera talentosa manejaba la Palabra de Dios. Estas personas eran desafiadas, animadas, exhortadas, alimentadas y edificadas en la fe cristiana. El era un verdadero fenómeno. Como resultado, se convirtió en objeto de una gran crítica por parte de la prensa, de otros pastores, de la influyente gente de Londres, y de los feligreses mezquinos. Este hombre, que no siempre fue un modelo de apacible piedad (para decir lo mínimo), tuvo numerosos enemigos. Normalmente, él manejaba bastante bien . . . la crítica, pero finalmente comenzó a afectarlo. Comenzó a hundirse bajo los ataques. La persecución comenzó a infligir una severa pérdida a su espíritu, que de otra manera era adaptable.

He oído decir que su esposa, al ver los resultados de tales ataques verbales contra su marido, decidió ayudarlo para que se volviera a poner de pie y volviera a lograr la poderosa estatura que tenía en el púlpito. Ella buscó en la Biblia el pasaje de Mateo 5:10-12 —la bienaventuranza que hemos venido estudiando—, y con bellas palabras del antiguo inglés, ella lo copió en una hoja grande de papel. Luego clavó la hoja en el cielo raso del dormitorio de ellos, directamente encima del lado de la cama donde dormía Charles. Cada mañana, cada noche, cada vez que él colocaba su enorme cuerpo en la cama para descansar, él veía allí las palabras, y éstas lo estimulaban.

> Bienaventurados los que padecen persecución por causa de la justicia, porque de ellos es el reino de los cielos. Bienaventurados sois cuando por mi causa os vituperen y os persigan, y digan toda clase de mal contra vosotros, mintiendo. Gozaos y alegraos, porque vuestro galardón es grande en los cielos; porque así persiguieron a los profetas que fueron antes de vosotros.

La gran hoja de papel permaneció fija en el cielo raso por un largo tiempo, hasta que hubo cumplido su obra. ¡Ojalá que crezcan las imitadoras de la señora de Spurgeon! Es animador pensar que el cónyuge puede ser un cauce vital de estímulo.

Y también es estimulante ver que no tenemos dónde escondernos del problema de la persecución. ¿Se dio cuenta usted de lo que Cristo dijo? ". . . así persiguieron a los profetas que fueron antes de vosotros". Siervos, esa declaración nos ayudará a detener los preparativos para la próxima reunión que estemos tentados a tener para compadecernos de nosotros mismos. No estamos solos. Esto ha estado en marcha durante siglos.

UNA ULTIMA INSPECCION AL RETRATO

Poco antes de morir mi madre, en febrero de 1971, ella hizo una pintura al óleo para mí. Este cuadro ha llegado a ser un silencioso "amigo" mío, una expresión muda, y sin embargo, elocuente, de mi vocación. Es un cuadro de un pastor con sus ovejas. El hombre está de pie completamente solo, con el cayado en la mano, de frente a la ladera de la colina, y las ovejas están esparcidas acá y allá. No se puede ver la cara del pastor, pero los pequeños animales lanudos que lo rodean tienen su propia personalidad. Algunos tienen la apariencia de ser devotos y amorosos, otro mira de manera independiente y obstinada, otro está comenzando a extraviarse en la distancia. Pero el pastor está allí con su rebaño, atendiéndolas fiel y diligentemente.

Este cuadro, bastante grande, lo tengo colgado en la pared de mi estudio, con una luz en la parte superior. Hay ocasiones cuando la fatiga me llega hasta los huesos, luego de un largo día de oír lo que la gente pide, de predicar, de mantener estrecho contacto con el rebaño de Fullerton. En días como éstos, ocasionalmente, apago la luz del escritorio y la que está por encima de mi cabeza, y sólo dejo encendida la luz de ese inimitable cuadro. Eso me ayuda a mantener la perspectiva. Me recuerda . . . me sirve de afirmación simple y silenciosa de que estoy precisamente donde Dios quiere que esté, haciendo precisamente lo que él quiere que haga. Hay algo muy estimulante cuando echo una mirada final al pastor y sus ovejas cuando termina el día.

Eso es lo que hemos hecho en estos dos capítulos. Mirando de cerca los detalles, hemos estudiado un retrato que pintó Jesús de un siervo. Y lo hemos hallado iluminador y estimulante. Hemos hallado que sus promesas son reconfortantes, y el hecho de que nos recuerde esto repetidamente ("Bienaventurados sois . . .") es algo que nos afirma. El ha descrito nuestra vocación al explicar nuestro papel que es el de:

- Los pobres en espíritu
- Los mansos
- Los que lloran
- Los que tienen hambre y sed de justicia

- Los misericordiosos
- Los de limpio corazón
- Los pacificadores
- Los que padecen persecución

El hecho de haber apagado todas las demás luces que nos distraen, nos ha ayudado a concentrar toda nuestra atención en estas ocho características específicas. Ahora nos enfrentamos a una pregunta: ¿Puede una persona como ésta influir realmente en un mundo obstinado, competitivo y de voluntad fuerte? ¿Es posible que los siervos produzcan un impacto?

El siguiente capítulo ofrece un "¡Sí!" resonante. En nuestro mundo insípido y oscuro, los siervos realmente llegan a ser la única fuente de sal y de luz.

9

La influencia de un siervo

Nuestro mundo es duro, áspero y perverso. Abundan en él la agresión, la rebelión, la violencia, la competencia despiadada y la venganza. Y esto no sólo a nivel internacional, sino a nivel personal. Lo que ocurre en las cámaras secretas donde se reúnen los consejos de las naciones también pasa tras las puertas cerradas de los hogares. Somos personas tercas, guerreras. "El hogar norteamericano —según un estudio realizado en la Universidad de Rhode Island—, después de las revueltas y la guerra, ¡es el lugar más peligroso para estar!"[1] No menos del 30 por ciento de todas las parejas matrimoniales norteamericanas experimentan alguna clase de violencia durante el tiempo de su vida. Esto ayuda a explicar por qué el 20 por ciento de todos los policías que mueren en el cumplimiento del deber son asesinados cuando acuden a ayudar en peleas familiares, y por qué se estima que entre seis y quince *millones* de mujeres son golpeadas cada año en los Estados Unidos de América.[2] Y estos números van creciendo. ¡El corazón humano está total y desvergonzadamente depravado!

¿Qué posible influencia pudieran ejercer los siervos que se describen en Mateo 5:1-12, en una sociedad dura y hostil como la nuestra? ¿Qué impacto pueden producir realmente "los pobres en espíritu", "los mansos", "los misericordiosos", "los de limpio corazón", "los pacificadores"? Tales virtudes que parecen tan frágiles tienen la apariencia de ser tan influyentes como una pelea con almohadas en una guerra nuclear especialmente por el hecho de que se levantan muchos obstáculos contra nosotros. Los siervos de Jesucristo siempre serán minoría . . . un pequeño remanente rodeado por una mayoría determinada que tiene sus puños cerrados. ¿Puede hacer mucho bien nuestra presencia? ¿No es un esfuerzo bastante perdido?

Jesús, el que por primera vez pintó este retrato del siervo, no estuvo de acuerdo con este escepticismo. Pero él tampoco negó que habría esta batalla. No olvide usted los toques finales que él dio a su inspirado lienzo, que acabamos de examinar y admirar. ¿Recuerda usted esas palabras? Dicen claramente que la sociedad es una zona de combate, no un punto para ir de vacaciones.

> Bienaventurados los que padecen persecución por causa de la justicia, porque de ellos es el reino de los cielos. Bienaventurados sois cuando por mi causa os vituperen y os persigan, y digan toda clase de mal contra vosotros, mintiendo. Gozaos y alegraos, porque vuestro galardón es grande en los cielos; porque así persiguieron a los profetas que fueron antes de vosotros (Mateo 5:10-12).

No, el Señor nunca nos prometió un jardín de rosas. El se colocó frente a nosotros y admitió que el terreno de lucha de este mundo no es un amigo benévolo que nos ayudará a que sigamos marchando hacia Dios. Sin embargo, aunque parezca extraño, él pasó a decir a aquel puñado de labriegos palestinos (y a *todos* los piadosos siervos del Señor en toda generación) que su influencia sería notable. Ellos serían "la sal de la tierra", y "la luz del mundo". ¡Y nosotros también! Tan grande sería la influencia de los siervos en la sociedad, que su presencia sería tan significativa como la sal en el alimento y la luz en las tinieblas. Ninguno de estos elementos es llamativo ni externamente impresionante, pero ambos son esenciales. Sin nuestra influencia, este viejo mundo pronto comenzaría a notar nuestra ausencia. Aunque no lo admita, la sociedad necesita tanto la sal como la luz.

EL CUIDADOR DE LA CORRIENTE DE AGUA

El fallecido Peter Marshall, un elocuente orador, y durante varios años capellán del Senado de los Estados Unidos de América, solía contar la historia de "El cuidador de la corriente de agua",[3] un tranquilo morador de los bosques que vivía en las alturas de una aldea austriaca, en las laderas de los Alpes. Este anciano caballero había sido contratado muchos años atrás por el concejo municipal de un pueblo joven para que limpiara los desechos de los pozos de agua que estaban en las grietas de las montañas y que alimentaban la magnífica corriente de agua que fluía por el pueblo. Con fiel y silenciosa regularidad, él rondaba las colinas, quitaba las hojas y las ramas y quitaba el lodo que, de otro modo, obstruiría los conductos y contaminaría la fresca corriente de agua. Poco a poco, la aldea llegó a ser una atracción popular para los que disfrutaban de sus vacaciones. Elegantes cisnes flotaban sobre la fuente de agua cristalina. Las ruedas de molino de varios negocios situados cerca del agua giraban día y noche, las granjas eran regadas naturalmente y desde los restaurantes se observaba un indescriptible panorama pintoresco.

Pasaron los años. Una noche el concejo municipal realizó su reunión semestral. Cuando revisaban el presupuesto, los ojos de un hombre se fijaron en el salario que se le estaba pagando al desconocido cuidador de la corriente de agua. El tesorero dijo: "¿Quién es este viejo? ¿Por qué continuamos sosteniéndolo año tras año? Nadie lo ve nunca. Según todo lo que sabemos, el extraño guardabosque no nos está haciendo ningún bien. ¡Ya no lo necesitamos más!" Por voto unánime, prescindieron de los servicios del hombre.

Durante varias semanas, nada cambió. Al comenzar el otoño, los árboles comenzaron a dejar caer sus hojas. Pequeñas ramas se desprendían y caían en los pozos, y obstaculizaban el rápido flujo del agua burbujeante. Una tarde, alguien notó que había un leve tinte amarillo castaño en la corriente. Un par de días después, el agua estaba mucho más oscura. En el término de una semana apareció una capa viscosa que cubría grandes sectores de agua cerca de las riberas, y pronto se detectó un olor fétido. Los molinos se movían más lentamente; algunos finalmente se detuvieron. Los cisnes se marcharon, y los turistas también. Los dedos fríos de la enfermedad penetraron profundamente en la aldea.

Rápidamente, el avergonzado concejo municipal convocó a una reunión especial. Al comprender el craso error de criterio que ellos habían cometido, volvieron a contratar al viejo cuidador de la corriente de agua . . . y a las pocas semanas, el verdadero río de la vida comenzó a aclararse. Los molinos comenzaron a girar, y la vida volvió una vez más al caserío de los Alpes.

Aunque parezca fantástico, este relato es más que un simple cuento de viejas, teniendo en sí una analogía vívida e importante, relacionada directamente con los tiempos en que vivimos. Lo que el cuidador de la corriente de agua significó para la aldea, significan los siervos de Cristo para nuestro mundo. El bocado de buen gusto y preservado por la sal, mezclado con el rayo luminoso que da esperanza, pueden parecer frágiles e innecesarios . . . ¡pero que Dios ayude a cualquier sociedad que intente existir sin ellos! Como ve usted, la aldea sin el cuidador de la corriente de agua es una perfecta representación del sistema del mundo sin sal ni luz.

ESTIMACION CRITICA DE NUESTROS TIEMPOS

Para que nos ayude a describir cuán desesperada y vacía está realmente la sociedad, echemos una mirada a 2 Timoteo 3. En los primeros 13 versículos, hallo tres innegables características de nuestro mundo: *peligroso, corrupto y engañoso.*

Peligroso

Leamos con mucho cuidado los versículos 1 al 7:

> También debes saber esto: que en los postreros días vendrán tiempos peligrosos. Porque habrá hombres amadores de sí mismos, avaros, vanagloriosos, soberbios, blasfemos, desobedientes a los padres, ingratos, impíos, sin afecto natural, implacables, calumniadores, intemperantes, crueles, aborrecedores de lo bueno, traidores, impetuosos, infatuados, amadores de los deleites más que de Dios, que tendrán apariencia de piedad, pero negarán la eficacia de ella; a éstos evita. Porque de éstos son los que se meten en las casas y llevan cautivas a las mujercillas cargadas de pecados, arrastradas por diversas concupiscencias. Estas siempre están aprendiendo, y nunca pueden llegar al conocimiento de la verdad (2 Timoteo 3:1-7).

Ahora, tome usted su bolígrafo, y haga un círculo alrededor de la palabra "peligrosos", en el versículo 1. En una versión se tradujo este término *difíciles.* Otra lo tradujo *terribles.* La raíz griega de estos términos significaba *doloroso, duro, cruel, salvaje.* Sólo se usa en otro pasaje del Nuevo Testamento. En Mateo

8:28 aparece, cuando el escritor describe a dos hombres poseídos por demonios, y dice que eran "feroces en gran manera". ¡Qué descripción tan adecuada del mundo! Salvaje, duro, violento. Si cuestiona esto, si necesita que yo le pruebe que esto no es una exageración, lea el periódico de hoy o preste atención a las noticias de esta noche. Tanto lo uno como lo otro lo convencerán de que nuestra "aldea" se encuentra en desesperados aprietos.

Corrupto

Veamos, ahora, los versículos que siguen:

> Y de la manera que Janes y Jambres resistieron a Moisés, así también éstos resisten a la verdad; hombres corruptos de entendimiento, réprobos en cuanto a la fe. Mas no irán más adelante; porque su insensatez será manifiesta a todos, como también lo fue la de aquéllos (versículos 8, 9).

Pablo menciona a dos hombres del tiempo de Moisés como representantes de estos tiempos "peligrosos". Los describe con la palabra "corruptos". Enciérrela usted en un círculo en el versículo 8. Significa en el sentido espiritual que la humanidad ha llegado a ser tan mala hasta donde le ha sido posible. En cuanto a Dios, está muerta. No la mueve nada que sea espiritual. Está dura y entenebrecida de corazón. Llegan a mi mente dos pasajes de Isaías que sirven como ilustraciones de la depravación humana.

> Todos nosotros nos descarriamos como ovejas, cada cual se apartó por su camino; mas Jehová cargó en él el pecado de todos nosotros (Isaías 53:6).

> Si bien todos nosotros somos como suciedad, y todas nuestras justicias como trapo de inmundicia; y caímos todos nosotros como la hoja, y nuestras maldades nos llevaron como viento. Nadie hay que invoque tu nombre, que se despierte para apoyarse en ti; por lo cual escondiste de nosotros tu rostro, y nos dejaste marchitar en poder de nuestras maldades (Isaías 64:6, 7).

"Todos . . . todos . . . todos . . . todos . . . todos . . .". La depravación es una enfermedad universal de la sociedad. Y así estamos segando lo que hemos sembrado. Nuestro mundo se dirige a una gran colisión con una eternidad sin Cristo. Veamos ahora el tercer término descriptivo.

Engañoso

El hecho de leer las siguientes palabras no lo sorprenderá a usted:

> . . . mas los malos hombres y los engañadores irán de mal en peor, engañando y siendo engañados (2 Timoteo 3:13).

Encierre usted esa palabra en un círculo. Esta "aldea" es un lugar donde florecen los impostores. Los expertos en el arrebato violento inundan todas las profesiones. Igualmente abundan los charlatanes religiosos. Muchos políticos de palabra fácil procuran agradar a todo el mundo. Nadie puede negar la falsa fachada de los anuncios y novedades de la propaganda. Y la Escritura tiene razón: esto va "de mal en peor". Si quitamos "la corriente" de la vida de la aldea —si quitamos la sal y la luz—, en poco tiempo la "aldea" llegará a ser un pozo contaminante de aguas negras. ¡Que entre el cuidador de las aguas! Puede parecer que él está alejado y que no tiene influencia, pero sin la sal y la luz que él tranquilamente provee, sólo hay desesperación.

Técnicamente, sólo puede haber un cuidador de la corriente de aguas: Jesucristo, el Señor. Pero nosotros, sus siervos, sus representantes, sus embajadores, hemos sido comisionados para continuar esta obra en representación suya. A nosotros, sus siervos, se nos asignó una tarea que no es distinta de la del viejo caballero de los Alpes. ¿Pero cómo podemos hacer esta tarea?

INFLUENCIAS INDISPENSABLES PARA EL BIEN

Volvamos de nuevo al capítulo 5 de Mateo. En los primeros 12 versículos recordará usted que Cristo habla acerca de las cualidades del carácter del siervo. Es interesante que él usa los términos "los que", "ellos", "de ellos", en todos estos versículos. Pero cuando aplica la influencia del siervo en la sociedad, dice: "vosotros". "Vosotros sois la sal . . .". "Vosotros sois la luz . . .". Igualmente significativa es la ausencia de términos de comparación: *como, semejantes a.* Nosotros *somos* sal y luz, no representamos esas cosas, ésas no son cosas que proveemos ni que intentamos compararlas con nosotros. Lo que quiero decir es lo siguiente: Una sociedad que se caracteriza por la violencia salvaje y tenebrosidad de su depravación y engaño, sin la sal y la luz, se deteriorará y finalmente se destruirá a sí misma. Por el hecho de que los siervos somos sal y luz, nuestra influencia es esencial para la supervivencia.

John R. W. Stott expresa el valor de nuestra influencia de la siguiente manera:

> El mundo es evidentemente un lugar tenebroso. Su propia luz es muy poca o nula, ya que necesita una fuente externa de luz para que lo ilumine. Ciertamente, "siempre está hablando acerca de iluminación", pero mucha de la luz de que se jacta es en realidad tinieblas. El mundo también manifiesta una constante tendencia hacia el deterioro. La idea no es la de que el mundo está insípido y que los cristianos pueden hacer que sea menos insípido ("el solo pensamiento de hacer que el mundo sea aceptable al paladar de Dios es completamente imposible"); la idea es la de que el mundo se está pudriendo. Su putrefacción no puede detenerse. Sólo la sal procedente de afuera puede hacer eso. La iglesia, por otra parte, está puesta en el mundo con un propósito doble: como sal para contrarrestar, o por lo menos impedir el proceso de decadencia social; y como luz para disipar las tinieblas.
>
> Cuando miramos más de cerca estas dos metáforas, vemos que intencionalmente están expresadas en forma paralela. En cada caso, Jesús hace primero una afirmación. ("Vosotros sois la sal de la tierra. Vosotros sois la luz del mundo".) Luego, agrega una cláusula adicional, que es la condición de la cual depende la anterior afirmación (la sal tiene que retener su salinidad; a la luz hay que permitirle que brille). La sal no sirve para nada más si pierde su salinidad; la luz no sirve para nada si se esconde.[4]

En la medida en que la sal del siervo influye en la sociedad que se está pudriendo, le provee cierta medida de preservación. En la medida en que la luz del siervo influye en la sociedad depravada y agonizante, se disipan en cierta medida las tinieblas. Vamos a sondear un poco estas dos metáforas.

La sal de la tierra

¿Alguna vez le ha llegado a usted el olor de carne podrida? ¿Recuerda haber olvidado alguna vez durante varias semanas algo que colocó en la nevera? A la descomposición la acompaña una hediondez que no se puede comparar con ninguna otra cosa. En la ciudad de Houston, donde yo me crié, vivíamos sólo a 24 kilómetros del puerto marítimo de Galveston. Uno podía hallar productos del mar frescos y deliciosos en numerosos restaurantes de la zona; y aún puede hallarlos. Pero nosotros usábamos los productos de la pesca, especialmente los camarones, para otros propósitos. Cuando se casaba un amigo, uno de nuestros trucos favoritos consistía en sacar secretamente los tapacubos de las ruedas del coche en que iban a viajar los recién casados, y llenarlos de camarones. ¡Esa era una diversión tremenda! Esos camarones no harían ningún ruido mientras daban vueltas hora tras hora dentro de los tapacubos en medio del calor del sur de Tejas. Pero el resultado era tremendo. Después de dos o tres días de andar el carro, de estacionarlo al sol, de parar y seguir en medio del tránsito pesado, la recién casada (¡pobrecita!) lentamente comenzaría a deslizarse hacia la puerta del coche. Comenzaría a preguntarse si a su amado esposo se le habría olvidado aplicarse el desodorante por el lado derecho. ¡Con el paso de los días, él comenzaría a preguntarse lo mismo acerca de ella! Entre tanto, los camaroncitos estarían cumpliendo su papel en cada rueda. Finalmente (¡y algunas veces no descubrirían el truco durante más de una semana!), el joven Don Juan sacaría un tapacubos. Y no tengo que decirles cuál sería el resultado. Sería tal la hediondez de los camarones viejos encerrados en el tapacubos que, en comparación, el olor a zorrillo parecería como un perfume costoso. *¡Es realmente horrible!* Para mantener los camarones, uno tiene que preservarlos. Si no se hace esto, se pudren. Hace años se usaba la sal para esto. Hoy se usa con más frecuencia el hielo.

Al leer las siguientes palabras, piense usted en esta tierra como si fuera un conglomerado de camarones:

> Vosotros sois la sal de la tierra; pero si la sal se desvaneciere, ¿con qué será salada? No sirve más para nada, sino para ser echada fuera y hollada por los hombres (Mateo 5:13).

La tierra y todos sus habitantes están en continuo estado de descomposición. Nosotros somos la sal del mundo. R. V. G. Tasker, profesor emérito de exégesis del Nuevo Testamento en la Universidad de Londres, tiene razón cuando dice: "En consecuencia, los discípulos están llamados a ser un desinfectante moral en un mundo en que las normas morales son bajas, cambian constantemente o no existen".[5] Nuestra sola presencia detiene la corrupción.

La sal es también un agente sanador. Crea sed. Agrega sabor, y así agrega el gusto deleitoso a la mayor parte de los alimentos.

La sal es asombrosamente beneficiosa . . . *pero*. ¿Se había dado usted cuenta de esa palabra en el versículo 13? ". . . pero si la sal se desvaneciere . . . " (es decir, si la sal ha perdido su gusto, su unicidad). La advertencia de Jesús no es imaginaria, sino real. Si se quita la contribución distintiva del cristiano, no queda nada digno de valor. No servimos "para nada". Eso fue exactamente lo que dijo el Señor.

Quiero hablarle a usted muy directamente. El pensamiento secular ha ejercido un terrible efecto en la característica distintiva del siervo de Dios. Esto ha comenzado a influir en la iglesia de Jesucristo. Muchos creyentes en Cristo han entregado su mente al sistema del mundo. Por tanto, es raro hallar una mente cristiana pura. El humanismo, el secularismo, el intelectualismo y el materialismo han invadido nuestro pensamiento a tal punto que nuestra sal se ha disuelto, y en algunos casos se ha desvanecido. Francis Schaeffer, con celo y determinación proféticos, ha intentado despertarnos para que nos demos cuenta de esta enfermedad. Uno que pudiéramos llamar su igual en Inglaterra, Harry Blamires (hombre del cual fue tutor C. S. Lewis en la Universidad de Oxford), declara abierta y dogmáticamente: "Ya no existe la mente cristiana".[6] Influidos e impresionados por la prensa, por nuestro sistema secularizado de educación, por las expectativas sociales de carácter superficial, y por las fuerzas casi omnipotentes de la conformidad a causa de la presión ejercida por nuestros iguales, (para no mencionar el impacto de la televisión y las películas), los siervos cristianos pueden fácilmente caer en la trampa. En sentido literal, podemos dejar de pensar bíblicamente y dejar de echar sal.

Esta es la razón por la cual Jesús declara su preocupación de manera enérgica: "No sirve más para nada, sino para ser echada fuera y hollada por los hombres" (Mateo 5:13). Tenemos que hacer un trabajo de preservación . . . de lo contrario, perdemos nuestra influencia y llegamos a ser tan insignificantes como una capa de polvo sobre las calles de la ciudad. ¡Siervo, tenga cuidado!

Pero antes de pasar a la otra contribución que nos corresponde hacer a la sociedad, la luz, quiero que pensemos en algunos aspectos prácticos y positivos de la sal.

- **La sal se sacude en el salero y se espolvorea . . . no se vierte.** Tiene que esparcirse. El exceso de sal *echa a perder* los alimentos. Esto les recuerda a los cristianos que deben esparcirse y no mantenerse apiñados.

- **La sal agrega sabor . . . pero es disimulada.** Nadie comenta jamás: "¡Ah, qué sal tan buena!" Sin embargo, frecuentemente decimos: "La comida está realmente sabrosa". Los siervos agregan gusto a la vida, un sabor que es imposible de lograr sin ellos.
- **La sal no se parece a ninguna otra clase de sazón.** La diferencia, sin embargo, está en su fuerza. No hay nada que pueda substituirla, y para que sea útil, primero hay que aplicarla. ¡La sal en el salero no le hace ningún bien a nadie! Para que le ayude a usted a desarrollar esta cualidad de sal en su vida, muy sinceramente le recomiendo un libro escrito por Rebecca Manley Pippert, *Out of the Saltshaker & Into the World* (Fuera del salero y hacia el mundo), publicado por InterVarsity Press.[7] ¡Virtualmente es imposible leer y aplicar las palabras de ella, y aún así permanecer en el salero!

La luz del mundo

¿Le parece importante que Cristo haya dicho que usted es tan valioso como él?

> Otra vez Jesús les habló, diciendo: Yo soy la luz del mundo; el que me sigue, no andará en tinieblas, sino que tendrá la luz de la vida (Juan 8:12).

Los siervos de Cristo brillan con la luz de él en una sociedad que está desesperadamente perdida, abandonada a su propia suerte. Ahora, respondamos a dos preguntas:

1. ¿Cuál es la función básica de la luz?
2. ¿Cómo puede ocurrir esa función de la mejor manera?

La respuesta para la primera pregunta es obvia: disipar las tinieblas. Cuando se enciende la luz no pueden permanecer las tinieblas. No me importa cuán densas puedan ser las tinieblas. La respuesta para la segunda pregunta se halla en las propias palabras de Jesús:

> Vosotros sois la luz del mundo; una ciudad asentada sobre un monte no se puede esconder. Ni se enciende una luz y se pone debajo de un almud, sino sobre el candelero, y alumbra a todos los que están en casa (Mateo 5:14, 15).

¿Cómo pueden disiparse las tinieblas? En primer lugar, no escondiendo la luz. Tiene que estar *"asentada sobre un monte"*. En segundo lugar, no limitando la luz. Debe estar *"sobre el candelero"*. Así *"alumbra a todos los que están en casa"*. Lo que son las estrellas para la noche estelar, eso son los siervos para el mundo entenebrecido. Esta analogía fue la que hizo que un autor escribiera lo siguiente:

> Algunas veces pienso cuán espléndido sería si los no cristianos, curiosos por descubrir el secreto y la fuente de nuestra luz, se acercaran a nosotros y nos dijeran: "Titila, titila, estrellita, y dime quién eres".[8]

Nosotros planteamos un fenómeno extraño a los que están en tinieblas.

¡Ellos no pueden imaginarse lo que somos nosotros! Y así fue exactamente como el Señor lo planeó. Pensemos en algunas características distintivas de la luz:

- **La luz alumbra en silencio.** No hace ruido, ni exhibición grande y llamativa, no eleva estandartes. La luz simplemente brilla. Es como un faro en una costa escarpada. Mientras gira, lo único que hace es brillar.
- **La luz da dirección.** No nececita decir palabras ni pronunciar sermones. Jesús dice que otros "ven" nuestras acciones, pero no dice nada de que sean oídas.
- **La luz llama la atención.** Usted no tiene que decirle a la gente que lo mire cuando enciende una luz en un cuarto oscuro. Eso ocurre automáticamente. Si usted es un cristiano que pertenece a un equipo de atletismo compuesto por individuos no cristianos, es la luz en las tinieblas. Si pertenece a una familia cristiana que vive en un vecindario no cristiano, usted es la luz en medio de las tinieblas. Lo mismo ocurre si es la única enfermera cristiana de todas las que pertenecen al mismo piso de un hospital, o el único estudiante cristiano de una escuela, o el único profesional cristiano de la compañía o el único hombre de negocios cristiano de su distrito. Usted es una luz en medio de las tinieblas: un siervo de Dios que está siendo observado, que da un mensaje muy claro . . . a menudo casi sin palabras. Al principio, las personas pueden odiar la luz, pero no se preocupe, aun así son atraídas por ella. ¡Permita que la luz brille! No intente demostrar cuan brillante y rutilante es usted, ¡simplemente brille!

El doctor Martyn Lloyd-Jones hace hincapié en esto:

> Cuando nosotros la producimos y la manifestamos en nuestras vidas diarias, tenemos que recordar que el cristiano no llama la atención hacia sí mismo. En esta pobreza de espíritu, el yo ha quedado olvidado, en la mansedumbre y en todas las demás cosas. Dicho esto en otros términos semejantes, debemos hacer todo por causa de Dios y para su gloria. El yo tiene que estar ausente, y tiene que ser absolutamente destruido con todas sus sutilezas, por causa del Señor y para su gloria.
>
> De este hecho se deduce que debemos hacer todas estas cosas de tal modo que llevemos a otros hombres a glorificarlo a él, y a gloriarse en él, y a entregarse a él. "Así alumbre vuestra luz delante de los hombres, para que vean vuestras buenas obras, y glorifiquen a vuestro Padre que está en los cielos". Tienen que verlas de tal manera que glorifiquen a vuestro Padre; tenemos que hacerlo así para que estas otras personas también lo glorifiquen.[9]

¡Qué gran advertencia!

La "aldea" está en una condición triste. A causa de que la vida allí es peligrosa, corrupta y engañosa, los que allí moran tienen una vida desesperada e insípida. Necesitan *sal* y *luz,* dos ingredientes que el siervo de Dios exhibe.

LA RESPUESTA PERSONAL AL PAPEL QUE NOS CORRESPONDE

Puesto que Dios nos ha llamado a que, como sal y luz, seamos sus siervos en una sociedad insípida y tenebrosa, es necesario que nos dediquemos a la tarea que tenemos delante. Recordemos que la sal no debe perder su gusto y que la luz no debe esconderse. A fin de mantenernos en el objetivo, permítame hacer tres sugerencias que declaran y describen cómo cumplir este papel.

1. Soy diferente. Probablemente la mayor tragedia del cristianismo a través de su historia cambiante de altibajos, ha sido nuestra tendencia a ser como el mundo, en vez de ser completamente diferentes de él. La cultura reinante nos ha absorbido como si fuera una gran aspiradora, y nosotros hemos hecho un sorprendente trabajo de adaptación.

Pero los siervos han de ser diferentes. Un hombre dijo: "tan diferentes como es diferente el queso de la tiza". Tan diferentes como se distingue la sal de la carne descompuesta . . . tan diferentes como la luz se distingue desde las profundidades de las cavernas. Nada de apariencias, recuerde. Somos auténticamente diferentes.

2. Soy responsable. Si yo leo correctamente las palabras de Jesús, lo que él dice es algo más que ser sal y luz. Soy responsable de que mi sal no pierda su gusto y de que mi luz no se oscurezca ni se esconda. De vez en cuando me es útil hacerme algunas preguntas muy difíciles. Los verdaderos siervos hacen algo más que *hablar*. Nos negamos a convertirnos en los "cristianos de madriguera" de que habla John Stott, que salimos disparados de nuestras cuevas aisladas y protegidas a las reuniones de todos los cristianos, sólo para volver a regresar rápidamente. Para que la sal sea gustada y se vea la luz, tenemos que establecer contacto. Somos responsables personalmente.

3. Yo ejerzo influencia. No nos engañemos a nosotros mismos. El mismo hecho de que pertenecemos a Cristo, de que no adoptamos el sistema del mundo, de que marchamos al ritmo de un tambor diferente, nos permite ejercer una influencia en nuestra sociedad. Tal vez al pintoresco anciano "cuidador de la corriente de agua" no se le veía mucho, pero el papel que desempeñó significó la supervivencia de aquella aldea de los Alpes. *Nosotros* influimos en los demás, aun cuando no estemos tratando de actuar como religiosos, ni estemos predicando desde una plataforma improvisada.

Ya mencioné un libro de Rebecca Pippert. En dicho libro, ella narra una historia que ilustra perfectamente la manera como influimos en otras personas, sin que tratemos de hacerlo. Es un ejemplo clásico de la extraña reacción del mundo ante la presencia del cristiano:

> Algunas veces los no cristianos actúan extrañamente cerca de nosotros, por cuanto el Espíritu Santo que mora en nosotros los convence ciertamente de pecado, y eso es bueno. Pero con mucha frecuencia ellos se portan "de manera diferente" por cuanto sienten que ésa es la manera como deben actuar cuando están con individuos religiosos.
>
> A menudo, cuando las personas descubren cuál es mi profesión, me colocan en una caja religiosa. Por el hecho de que viajo mucho, tengo una tarjeta de clérigo que a veces me permite comprar pasajes a precios reducidos. ¡El único problema está en que de vez en cuando, los agentes que venden los pasajes no creen que estoy autorizada para usar dicha tarjeta! Lo que ellos tienen en mente no es precisamente una joven, cuando ven una tarjeta de clérigo. Más de una vez se me han preguntado: "Está bien,

querida, ahora, dinos, ¿de dónde sacaste esto?"

Una vez, cuando volaba de San Francisco a Portland, llegué al mostrador y allí fui saludada con mucha amistad por el agente de vuelos.

—¡Hola! ¿Cómo te va? —me preguntó.

—Bien, gracias . . . deseo comprar un pasaje para volar a Portland, por favor.

—¡Ay, lo siento! No podrá viajar allá esta noche.

—¿Por qué? ¿Está cancelado el vuelo?

—No, sino porque va a salir conmigo esta noche.

—¿Qué?

—Mira, hay un magnífico restaurante donde actúa una banda rítmica. Jamás te arrepentirás de haber ido allí conmigo.

—Lo siento, realmente tengo que ir a Portland. ¿Me puede vender el pasaje?

—¡Ay! ¿Estás muy apurada? Pasaré por ti a las ocho . . . .

—Oigame, realmente tengo que ir a Portland —le dije.

—Bueno, está bien. ¡Qué lástima! No puedo encontrar tu pasaje —dijo, y luego de una pausa agregó—: ¡Parece que tuviera una cita!

—¡Ah, se me olvidaba! —le dije—. Es un pasaje especial.

—¿Quieres pagar la tarifa de la juventud?

—No, . . . bueno . . . ah . . . de *clérigo* —le susurré, inclinándome sobre el mostrador.

—¿Qué dices? —me preguntó como si estuviera congelado.

—Tarifa de clérigo.

—¿¡Clérigo!? —gritó. Y todas las personas que estaban en el aeropuerto miraron hacia nosotros. Se puso absolutamente pálido de horror al pensar: "¡Ay, qué horror! ¡Yo estaba galanteando a una monja!"

Cuando él desapareció detrás del mostrador, pude oír cuando le susurró al otro agente que estaba cerca de él: "¡Epa, Jorge! Fíjate en la mujer que está ahí. ¡Ella es *un clérigo*!" De repente, otro hombre se levantó detrás del mostrador, sonrió, hizo un movimiento afirmativo con la cabeza y volvió a desaparecer. Nunca me sentí tan religiosa en toda mi vida.[10]

Ese es el precio que pagamos, supongo, por ser auténticos siervos del Señor. ¡Aunque nosotros no tratemos de hacerlo, la sal se derrama, y la luz se enciende!

10

Los peligros de un siervo

Nadie en esta generación olvidará jamás el nombre Jonestown. Por lo menos yo espero no olvidarlo. Esa tragedia permanece como un mudo testigo que nos advierte acerca de los resultados que puede haber cuando un líder enloquece.

Nunca podré borrar de mi mente las escenas que aparecieron en numerosos noticieros de televisión. Aquello no fue simplemente una mortandad, sino un suicidio masivo: se hallaron más de 900 cadáveres hinchados en la humeante jungla de Guyana. Los cadáveres de las personas aparecían en filas. Un corresponsal los describió así: "parecían como muñecos de trapo de tamaño grande". Con excepción de unos pocos desertores, que se las arreglaron a última hora para escapar, todas las personas que estaban presentes en el centro donde vivía aquella religión falsa, entregaron sus vidas cuando el líder así lo demandó. Cualquiera que se haya tomado el tiempo para investigar los hechos que condujeron a la grotesca atrocidad, pronto habrá descubierto que el hombre que dirigía este movimiento (quien afirmaba ser un siervo de Dios) cayó en la trampa que ha destruido a muchos líderes fuertes y naturales.

Bajo cada fotografía de aquella inolvidable escena enfermiza pudiera escribirse la misma advertencia de seis palabras: EL PELIGRO DE LA AUTORIDAD ILIMITADA. En vez de seguir siendo un siervo de Dios y del pueblo, en vez de ser modelo de humildad, de docilidad y de altruismo, Jim Jones se volvió un carapacho de autoritarismo, sensualidad e irresponsabilidad . . . cayendo en un intocable absolutismo, preso en las garras de sus propios deseos apasionados y de su orgullo.

La mayoría de las vocaciones y las ocupaciones tienen sus peculiares peligros: algunos sutiles, otros obvios y abiertos. No sólo se enfrentan al peligro en el trabajo los que limpian campanarios o altas chimeneas, o los tripulantes de un submarino, o los que lavan ventanas en las alturas, o los que trabajan en brigadas policiales y se enfrentan a los criminales y hampones; nosotros también nos enfrentamos al peligro. No hay excepciones.

Los siervos también están incluidos.

Tal vez esto le sorprenda. Ser siervo parece estar en una posición tan segura e inocua como la de un pedazo de pan en un plato. ¿Qué posible peligro habría en servir a otros?

ALGUNOS CONCEPTOS ERRONEOS COMUNES

Al volver al pasaje bíblico que antes habíamos visto, 2 Corintios 4, me gustaría mencionar tres conocidos conceptos errados con respecto al servicio. Leamos con cuidado los versículos 4-7:

> . . . en los cuales el dios de este siglo cegó el entendimiento de los incrédulos, para que no les resplandezca la luz del evangelio de la gloria de Cristo, el cual es la imagen de Dios. Porque no nos predicamos a nosotros mismos, sino a Jesucristo como Señor, y a nosotros como vuestros siervos por amor de Jesús. Porque Dios, que mandó que de las tinieblas resplandeciese la luz, es el que resplandeció en nuestros corazones, para iluminación del conocimiento de la gloria de Dios en la faz de Jesucristo. Pero tenemos este tesoro en vasos de barro, para que la excelencia del poder sea de Dios, y no de nosotros.

Esto pareciera indicar que los siervos constituyen un grupo privilegiado de personas, ¿no es verdad? Poseen un tesoro. "La excelencia del poder" de Dios fluye de sus vidas. Pero si usted examina la porción detenidamente, descubre que todo eso es de Dios, no de nosotros. Esto constituye el primer concepto errado:

Los siervos en sí tienen poderes especiales

¡Cuán fácil es mirar a los siervos de Dios con lentes de color rosado! Casi como si poseyeran una unción mística divina, o alguna clase de manto angélico que hace que exuden poder natural enviado del cielo. ¡Pero esto es una equivocación! Leamos un versículo que está antes que los anteriores:

> . . . no que seamos competentes por nosotros mismos para pensar algo como de nosotros mismos, sino que nuestra competencia proviene de Dios (2 Corintios 3:5).

Anote usted esto muy bien: los siervos son absolutamente humanos, llenos de toda clase de debilidad y con la potencialidad de fracaso que tienen todos los demás seres humanos.

Otro concepto errado es el siguiente:

Los siervos no luchan con los problemas diarios

Pensemos en lo que leemos en 2 Corintios 4:8, 9:

> . . . que estamos atribulados en todo, mas no angustiados; en apuros, mas no desesperados; perseguidos, mas no desamparados; derribados, pero no destruidos.

Afligidos. Perplejos. Perseguidos. Derribados. Examinaremos más detenidamente estos términos en el capítulo 12 de este libro. Por ahora es suficiente decir que reflejan las luchas comunes de todos nosotros. Dominado por la tensión, confuso, perseguido, rechazado, Pablo (y todo siervo desde aquel tiempo) entiende lo que significa soportar la constante ráfaga de problemas. De hecho, es en el crisol donde el siervo aprende a abandonar su camino y a escoger el de Dios. Los siervos luchan en realidad con sus dificultades diarias.

El tercer concepto errado es el siguiente:

Los siervos están protegidos de peligros sutiles

Leamos los versículos 10 y 11 del mismo capítulo:

> . . . llevando en el cuerpo siempre por todas partes la muerte de Jesús, para que también la vida de Jesús se manifieste en nuestros cuerpos. Porque nosotros que vivimos, siempre estamos entregados a muerte por causa de Jesús, para que también la vida de Jesús se manifieste en nuestra carne mortal (2 Corintios 4:10, 11).

Las personas que sirven a Dios y a los demás "llevan en el

cuerpo" señales de muerte: de peligros que son innegables. Sutiles y silenciosos, estos peligros están al acecho en los lugares más inesperados, esperando el momento oportuno para satisfacerse. Como ya lo hemos descubierto, el verdadero siervo es vulnerable. Cuando el siervo tropieza y cae en estas trampas, no pasa mucho tiempo sin que quede completamente atrapado. Y raras veces ocurre esto de manera rápida u osada. Por lo general, el peligro se presenta en el escenario con una vestidura completamente distinta; parece cualquier cosa, pero nada peligroso.

Al hablar acerca de esto, un hombre admite lo siguiente con respecto al líder piadoso:

> Aunque de ningún modo es inmune a las tentaciones de la carne, los peligros contra los cuales tiene que guardarse más están en el reino del espíritu. Tiene que recordar que Satanás, quien no tiene día de reposo, es su inexorable enemigo, y se aprovechará de cada centímetro de terreno que le conceda en cualquier aspecto de su vida.[1]

Así que no nos engañemos. Los siervos, no importa cuán útiles, piadosos, altruistas y admirables sean, en todo sentido son tan humanos como cualquier otra persona en esta tierra y están sometidos a los peligros de la vida. Aunque no tienen poderes especiales, como hemos notado, luchan con los problemas de la vida diaria . . . y son especialmente vulnerables a los peligros sutiles que fácilmente pueden hacerlos tropezar, como ya lo vimos y nos lo recordó la tragedia de Jonestown.

UN EJEMPLO CLASICO

Para ilustrar esta verdad bíblica, hagamos un cambio y pasemos al Antiguo Testamento para sacar de la oscuridad a un hombre que llegó a ser ayudante de uno de los más grandes profetas que Dios haya levantado jamás. La historia que deseamos examinar comienza en 2 Reyes 2. El profeta se llamaba *Eliseo*, y su siervo, *Giezi*.

Marco histórico y papel de estos hombres

Los tiempos eran difíciles. La nación de Israel se estaba deteriorando rápidamente, pues los gobernantes inicuos, uno tras otro, iban conduciendo al pueblo cada vez más a mayores profundidades de depravación. Los ciudadanos se convirtieron en esqueletos humanos desgastados, confusos y vacíos. ¡Sus vidas se redujeron a cero, en el sentido moral, espiritual, político y aun físico! Los pocos profetas que aparecieron en el escenario estuvieron completamente solos como el ganado en medio de una tormenta de nieve, sin embargo, *resistieron*.

Elías (a quien no debemos confundir con Eliseo), un profeta de Dios notablemente valiente, había vivido en ese tiempo. Cuando éste se fue "en un torbellino al cielo" (2:1, 11), Eliseo (su sucesor), quien estaba cerca, recibió de Dios el mismo poder que había reposado sobre Elías. ¡Como una exhalación, Eliseo salió a correr! Dios tenía una serie de hechos maravillosos y notables para que realizara su profeta. Y por encima de todo, él pronto llega a ser conocido como un "hombre de Dios", título que bien merecía.

El profeta aparece en 2 Reyes 4 con un siervo llamado Giezi. Comenzamos a leer la historia en el versículo 8:

> Aconteció también que un día pasaba Eliseo por Sunem; y había allí una mujer importante, que le invitaba insistentemente a que comiese; y cuando él pasaba por allí, venía a la casa de ella a comer. Y ella dijo a su marido: He aquí ahora, yo entiendo que éste que siempre pasa por nuestra casa, es varón santo de Dios. Yo te ruego que hagamos un pequeño aposento de paredes, y pongamos allí cama, mesa, silla y candelero, para que cuando él viniere a nosotros, se quede en él. Y aconteció que un día vino él por allí, y se quedó en aquel aposento, y allí durmió. Entonces dijo a Giezi su criado: Llama a esta sunamita. Y cuando la llamó, vino ella delante de él. Dijo él entonces a Giezi: Dile: He aquí tú has estado solícita por nosotros con todo este esmero; ¿qué quieres que haga por ti? ¿Necesitas que hable por ti al rey, o al general del ejército? Y ella respondió: Yo habito en medio de mi pueblo. Y él dijo: ¿Qué, pues, haremos por ella? Y Giezi respondió: He aquí que ella no tiene hijo, y su marido es viejo. Dijo entonces: Llámala. Y él la llamó, y ella se paró a la puerta. Y él le dijo: El año que viene, por este tiempo, abrazarás un hijo. Y ella dijo: No, señor mío, varón de Dios, no hagas burla de tu sierva. Mas la mujer concibió, y dio a luz un hijo el año siguiente, en el tiempo que Eliseo le había dicho (versículos 8-17).

Esto es sólo el comienzo de una serie de eventos en que Eliseo participa. Pero enfoquemos nuestra atención en aquél cuya tarea es la de ayudar al profeta. Queremos descubrir, a través de las experiencias de él, algunos de los peligros más comunes que esperan a todos los que deciden servir a los demás.

Tentaciones y reacciones

Trabajar junto con un profeta de tan alto perfil y tan altamente respetado era un privilegio. Pero al mismo tiempo, esa posición particular le produjo tentaciones únicas, como lo veremos. A estas tentaciones, y a las reacciones de Giezi, las llamaremos "peligros". Yo encuentro cuatro peligros en la vida del siervo de Eliseo. El primero se pone de manifiesto en 2 Reyes 4:18-26:

> Y el niño creció. Pero aconteció un día, que vino a su padre, que estaba con los segadores; y dijo a su padre: ¡Ay, mi cabeza, mi cabeza! Y el padre dijo a un criado: Llévalo a su madre. Y habiéndole él tomado y traído a su madre, estuvo sentado en sus rodillas hasta el mediodía, y murió. Ella entonces subió, y lo puso sobre la cama del varón de Dios, y cerrando la puerta, se salió. Llamando luego a su marido, le dijo: Te ruego que envíes conmigo a alguno de los criados y una de las asnas, para que yo vaya corriendo al varón de Dios, y regrese. El dijo: ¿Para qué vas a verle hoy? No es nueva luna, ni día de reposo. Y ella respondió: Paz. Después hizo enalbardar el asna, y dijo al criado: Guía y anda; y no me hagas detener en el camino, sino cuando yo te lo dijere. Partió, pues, y vino al varón de Dios, al monte Carmelo. Y cuando el varón de Dios la vio de lejos, dijo a su criado Giezi: He aquí la sunamita. Te ruego que vayas ahora corriendo a recibirla, y le digas: ¿Te va bien a ti? ¿Le va bien a tu marido, y a tu hijo? Y ella dijo: Bien.

El "niño milagroso" que Dios dio a la mujer sunamita crece, y ya tiene suficiente edad para trabajar en los campos. Mientras hace esto le pasa algo: tal vez recibe un severo golpe en la frente, o sufre una insolación, o tiene algún serio problema interno que hace que el joven grite: "¡Mi cabeza, mi cabeza!" Naturalmente, la madre piensa inmediatamente en Eliseo. Si alguien puede ayudar, es él.

Cuando el profeta vio a la distancia que ella se acercaba, la reconoció. En este punto es donde vemos la tendencia del siervo del profeta a reaccionar incorrectamente. Leamos los versículos 26-28.

> Te ruego que vayas ahora corriendo a recibirla, y le digas: ¿Te va bien a ti? ¿Le va bien a tu marido, y a tu hijo? Y ella dijo: Bien. Luego que llegó a donde estaba el varón de Dios en el monte, se asió de sus pies. Y se acercó Giezi para quitarla; pero el varón de

> Dios le dijo: Déjala, porque su alma está en amargura, y Jehová me ha encubierto el motivo, y no me lo ha revelado. Y ella dijo: ¿Pedí yo hijo a mi señor? ¿No dije yo que no te burlases de mí?

El peligro de proteger excesivamente y ser de carácter dominante

¿Ve usted cómo se manifiesta esto? Obviamente, Giezi está dedicado a Eliseo. Quiere ser un escudo protector alrededor de él. Así que no debe sorprendernos el hecho de que, cuando llegó la afanada madre, y "se asió de sus pies . . . se acercó Giezi para quitarla". Es muy fácil para los que tienen corazón de siervo adquirir una visión de túnel y no ver las necesidades de los demás. Una situación similar se nos relata en Números 11:24-30. En este caso, Josué intentó impedir que dos hombres profetizaran en el campamento. Estaba celoso de que nadie tomara nada del papel especial que le correspondía a Moisés, a quien él servía. ¡A Moisés le correspondía profetizar, no a ellos! El magnánimo Moisés le dijo a Josué que retrocediera. Josué intentó proteger excesivamente a Moisés, en forma muy parecida a la que Giezi quiso proteger a Eliseo.

Siervos, estén alerta contra el peligro de poseer un carácter dominante. Continuemos leyendo el pasaje de 2 Reyes 4:

> Entonces dijo él a Giezi: Ciñe tus lomos, y toma mi báculo en tu mano, y vé; si alguno te encontrare, no lo saludes, y si alguno te saludare, no le respondas; y pondrás mi báculo sobre el rostro del niño. Y dijo la madre del niño: Vive Jehová, y vive tu alma, que no te dejaré (versículos 29, 30).

Eliseo hizo un plan mediante el cual el jovencito resucitaría . . . y en ese plan estaba incluido Giezi. El siervo fue despachado para que llegara hasta la cama donde estaba el hijo de esta madre. Podemos estar seguros de que el corazón de Giezi latía rápidamente. El había esperado que se produjera una respuesta emocionante, pues ciertamente Dios resucitaría al niño. ¡Así, él participaría en un milagro! Pero no ocurrió nada. No cambió absolutamente nada.

> Y Giezi había ido delante de ellos, y había puesto el báculo sobre el rostro del niño; pero no tenía voz ni sentido, y así se había vuelto para encontrar a Eliseo, y se lo declaró, diciendo: El niño no despierta (versículo 31).

De repente, aparece Eliseo en el escenario, y ocurren resultados fenomenales. Se produjo un milagro.

> Y venido Eliseo a la casa, he aquí que el niño estaba muerto tendido sobre su cama. Entrando él entonces, cerró la puerta tras ambos, y oró a Jehová. Después subió y se tendió sobre el niño, poniendo su boca sobre la boca de él, y sus ojos sobre sus ojos, y sus manos sobre las manos suyas; así se tendió sobre él, y el cuerpo del niño entró en calor. Volviéndose luego, se paseó por la casa a una y otra parte, y después subió, y se tendió sobre él nuevamente, y el niño estornudó siete veces, y abrió sus ojos. Entonces llamó él a Giezi, y le dijo: Llama a esta sunamita. Y él la llamó. Y entrando ella, él le dijo: Toma tu hijo. Y así que ella entró, se echó a sus pies, y se inclinó a tierra; y después tomó a su hijo, y salió (versículos 32-37).

Trate usted de identificarse con el siervo, y no con la extática madre, si puede. Al hacerlo, tendrá algunos de los mismos sentimientos humanos que tuvo Giezi.

El peligro de sentirse usado y no apreciado

Si usted sirve a otros suficiente tiempo, periódicamente llegará a este valle. Giezi había hecho exactamente lo que se le había dicho que hiciera. Sin embargo, él no había visto ningún cambio, ningún milagro. Entró Eliseo, y de repente lo hizo todo. ¿Y a quién se le da la asignación de darle la noticia a la madre? ¡A Giezi! Y si eso no es suficiente, continuemos leyendo en el mismo capítulo:

> Eliseo volvió a Gilgal cuando había una grande hambre en la tierra. Y los hijos de los profetas estaban con él, por lo que dijo a su criado: Pon una olla grande, y haz potaje para los hijos de los profetas. Y salió uno al campo a recoger hierbas, y halló una como parra montés, y de ella llenó su falda de calabazas silvestres; y volvió, y las cortó en la olla del potaje, pues no sabía lo que era. Después sirvió para que comieran los hombres; pero sucedió que comiendo ellos de aquel guisado, gritaron diciendo: ¡Varón de Dios, hay muerte en esa olla! Y no lo pudieron comer (versículos 38-40).

El hambre ha llegado a la región. Nuestro amigo Giezi recibe la orden de agarrar una olla y hacer un potaje. Inadvertidamente, alguien coloca plantas venenosas en la olla, ¡y todos gritan! Pero notemos lo que ocurrió entonces:

> El entonces dijo: Traed harina. Y la esparció en la olla, y dijo: Da de comer a la gente. Y no hubo más mal en la olla (versículo 41).

Giezi había hecho el trabajo . . . pero Eliseo recibió todo el crédito. ¡Lo que quiero decir es que el siervo ni siquiera puede hacer un potaje! ¡Qué frustrado puede sentirse uno! A menos que mi suposición esté equivocada, a esta frustración se agregó algo de vergüenza . . . y Giezi probablemente sintió el aguijón de no ser apreciado. Como usted ve, el profeta siempre tenía la prioridad; aunque Giezi hubiera hecho todo lo que se le había dicho que hiciera.

Así ocurre con los siervos hoy. Les es muy fácil sentirse usados y no apreciados.

¿Escribo yo esto para usted que sirve en un ministerio o negocio tras bastidores? Usted trabaja fiel y diligentemente; sin embargo, la gloria la recibe otro. Los esfuerzos suyos hacen que otro tenga éxito. ¡Cuán fácil es resentirse uno! Directores asistentes, pastores asociados y ayudantes, secretarias, administradores, "personal interno", todos aquellos que trabajan duro, pero por el hecho de no estar al frente nunca reciben el crédito, ¡*anímense*! Nuestro Dios que recompensa en lo secreto nunca pasará por alto la dedicación de ustedes.

> Porque Dios no es injusto para olvidar vuestra obra y el trabajo de amor que habéis mostrado hacia su nombre, habiendo servido a los santos y sirviéndoles aún (Hebreos 6:10).

Ese es un gran versículo para los que sienten que están siendo usados y no son apreciados.

Pero también está en orden una advertencia. Observe usted de cerca su propio orgullo. El verdadero siervo de Dios es como el Señor Jesús, quien no vino "para ser servido, sino para servir, y para dar su vida en rescate por muchos" (Marcos 10:45). Para servir y para dar. El orgullo quiere palmaditas de reconocimiento . . . muchas. Le encanta recibir el crédito, ser mencionado, recibir la gloria. Que la gente diga: "¡Qué bien! ¡Qué bien!" Idealmente, los superiores de usted serán personas reflexivas que le darán a usted el crédito que merece; pero, infortunadamente, eso no ocurre siempre. Y su orgullo necesita ser controlado. En esos tiempos difíciles cuando usted hace el potaje y otra persona recibe las palmaditas de felicitación, recuerde su papel: servir y dar.

J. Oswald Sanders tiene la razón al escribir lo siguiente con respecto al orgullo:

> No hay nada que desagrade más a Dios que la arrogancia. El pecado primero y fundamental es el que, en esencia, se propone entronar al yo a expensas de Dios . . . .
>
> El orgullo es un pecado de cuya presencia su víctima está menos consciente . . . .
>
> Si somos sinceros, cuando comparamos nuestra vida con la de nuestro Señor, quien se humilló a sí mismo aun hasta la muerte de cruz, no podemos menos que sentirnos abrumados por el mal gusto, la mezquindad y aun la vileza de nuestros corazones.[2]

El verdadero amor que fluye de los siervos auténticos no lleva anotación sobre quién hizo qué, ni espera que los demás le den el crédito. En otras palabras, los siervos reales están conscientes de lo que el orgullo ciego puede crear.

Al volver al capítulo 5 de 2 Reyes, notamos que una experiencia completamente diferente aguarda a Giezi, el siervo de Eliseo. No uno, sino dos peligros más, acechan en las sombras para hacerlo caer. Como veremos, el segundo de estos dos peligros demostró ser una tentación demasiado grande para él, y finalmente sucumbió ante ella. Pero primero, arreglemos el escenario.

Un hombre llamado Naamán era un oficial sirio de alto rango. Era influyente, rico, orgulloso, un hombre de dignidad, valor, patriotismo e influencia militar. Sólo tenía un problema: el hombre era leproso. A través de una cadena de eventos interesantes, Naamán fue conducido ante Eliseo en busca de limpieza para su horrible enfermedad. Comenzaremos a leer la narración bíblica en el versículo 9:

> Y vino Naamán con sus caballos y con su carro, y se paró a las puertas de la casa de Eliseo. Entonces Eliseo le envió un mensajero, diciendo: Vé y lávate siete veces en el Jordán, y tu carne se te restaurará, y serás limpio. Y Naamán se fue enojado, diciendo: He aquí yo decía para mí: Saldrá él luego, y estando en pie invocará el nombre de Jehová su Dios, y alzará su mano y tocará el lugar, y sanará la lepra. Abana y Farfar, ríos de Damasco, ¿no son mejores que todas las aguas de Israel? Si me lavare en ellos, ¿no seré también limpio? Y se volvió, y se fue enojado (2 Reyes 5:9-12).

Me parece que el "mensajero" que envió Eliseo a atender a Naamán en la puerta fue Giezi, siervo en quien confiaba. Le tocó a él ser el portador de las noticias que no quería oír el general sirio. Como leímos en el relato, el alto oficial se *enojó*. Se ofendió. Y mire usted quién quedó en medio del fuego cruzado: el siervo.

Nuestro apreciado amigo no fue el que inventó las noticias: sólo las comunicó . . . y ¡pum! Esto nos lleva a otro peligro común para los que sirven a los demás fielmente.

El peligro de no ser respetado y de que se le manifieste el resentimiento

Giezi no tiene rango ni autoridad; sin embargo, su responsabilidad lo coloca en un dilema de lo más impopular. El tiene la tarea de enfrentarse con una persona para comunicarle una verdad que tal persona no quiere oír. ¿Y el resultado? Que siente y oye los golpes verbales de falta de respeto y de resentimiento. Permítame usted ampliar esto y aplicarlo.

Hay ocasiones en que el siervo de Dios es llamado a enfrentarse con otra persona, o a decirle en alguna forma una verdad que tal individuo no quiere oír. Tal vez sea dolorosa la aceptación de tal información, pero eso es lo que Dios quiere que se diga. De modo que el siervo fiel la comunica. Aunque de manera bondadosa, sin embargo, la información es exacta. Y de repente la olla estalla y la tapa se levanta hasta el cielo. El siervo queda atrapado en el fuego cruzado. ¿Qué hace usted en esos precarios momentos? ¿Vengarse? ¿Gritar, llorar y devolver las amenazas?

Leamos el consejo que Dios da a los siervos cuya labor consiste en decir cosas difíciles:

> Porque el siervo del Señor no debe ser contencioso, sino amable para con todos, apto para enseñar, sufrido; que con mansedumbre corrija a los que se oponen, por si quizá Dios les conceda que se arrepientan para conocer la verdad, y escapen del lazo del diablo, en que están cautivos a voluntad de él (2 Timoteo 2:24-26).

¡Qué consejo tan sabio! El siervo no debe ser contencioso, sino amable. No debe irritarse, sino ser paciente . . . aun cuando le hagan mal. No debe airarse, sino ser manso. Dios puede usar las palabras del siervo a fin de que los oyentes "se arrepientan para conocer la verdad", lo cual puede parecer muy noble; pero, créame, hay ocasiones cuando no tienen mucha importancia.

Como pastor y consejero, frecuentemente me hallo en este punto impopular. Algún individuo que ha acudido a mí, derrama su alma de una manera que no es distinta de la que utilizó el leproso Naamán. Y Dios me guía muy claramente a enfrentarme a dicha persona, o a señalarle unos cuantos puntos específicos que al individuo le parece más bien doloroso oír, y aun más doloroso aceptar. De repente, me convierto en el saco de arena de los golpes verbales. Ahora, entienda usted que yo no escribí la Biblia, ni me considero como juez de tal individuo, aunque él pueda pensarlo así. Pero yo he aconsejado a personas que me han gritado, me han maldecido, han salido dando taconazos del cuarto y me han lanzado algún reproche que no pudieron callar. Algunos esperan hasta más tarde y entonces me escriben una de aquellas cartas ardientes que queman los ojos cuando uno las lee. ¿Y qué hice para merecer tal trato? Dije la verdad. Simplemente comuniqué un mensaje con el mayor tacto y en la forma más oportuna que me fue posible, pero fue rechazado, por lo menos por algún tiempo. Pero la recompensa viene posteriormente, cuando la persona comprende que se le dijo la verdad, y que yo realmente tenía en el corazón el bien de dicho individuo.

Algunas veces le corresponde a un abogado o a un médico ser el portador de tales noticias. Uno de los mejores ejemplos (y más divertidos) que jamás haya oído en este sentido le ocurrió a un odontólogo, quien defendió su posición y se negó a moverse. Mi buen amigo, el doctor James Dobson, cuenta la historia mejor de lo que yo pudiera hacer con mis propias palabras:

> Cuando los niños carecen del liderato de los padres, algunos se vuelven exageradamente ofensivos y desafiantes, especialmente en lugares públicos. Tal vez el mejor ejemplo fue un niño de diez años llamado Roberto, quien fuera paciente de mi buen amigo, el doctor William Slonecker. El doctor Slonecker dijo que su personal pediátrico le tenía horror a aquellos días en que Roberto tenía que presentarse en la oficina. Realmente, él atacaba a la clínica, pues agarraba instrumentos, archivos y teléfonos. Su pasiva madre sólo podía hacer un poco más que mover la cabeza negativamente con perplejidad.
>
> Durante un examen, el doctor Slonecker observó que el muchacho tenía profundas caries en los dientes, y comprendió que había que referirlo a un odontólogo local. ¿Pero a quién se le concedería este honor? El hecho de referir a un chico como Roberto podría significar el fin de una amistad profesional. Finalmente, el doctor Slonecker decidió enviarlo a un odontólogo de edad avanzada que, según se informaba, entendía a los niños. La confrontación que se presenta a continuación permanece como uno de los momentos clásicos en la historia del conflicto humano.
>
> Roberto llegó al consultorio dental preparado para la batalla.
>
> —Sube a la silla, jovencito —le dijo el odontólogo.

—¡De ningún modo! —contestó el muchacho.

—Hijo, te dije que subas a la silla. Eso es lo que quiero que hagas —le dijo el odontólogo.

Roberto se quedó mirando detenidamente a su oponente un momento y luego respondió: —Si usted me hace subir en esa silla, me quitaré toda la ropa.

—Quítatela —le contestó con calma el odontólogo.

El muchacho se quitó inmediatamente la camisa, la camiseta, los zapatos y los calcetines, y luego miró desafiante al profesional.

—Está bien, hijo —le dijo el odontólogo—. Ahora, súbete a la silla.

—Usted no me entendió —farfulló Roberto—. Dije que si usted me hace subir en esa silla, me quitaré toda la ropa.

—Hijo, quítatela —le replicó el hombre.

Roberto procedió a quitarse los pantalones y la ropa interior. Así quedó finalmente desnudo delante del odontólogo y de su ayudante.

—Ahora, hijo, súbete a la silla —le dijo el odontólogo.

Roberto hizo lo que se le decía, y con actitud de cooperación permaneció sentado durante todo el procedimiento. Cuando se le hubieron hecho las perforaciones dentales, y se le hubieron llenado los orificios, el odontólogo le dijo que se bajara de la silla.

—Deme, pues, mi ropa —dijo el muchacho.

—Lo siento —respondió el odontólogo—. Dile a tu mamá que nosotros vamos a guardar tu ropa esta noche. Ella puede buscarla mañana.

¿Usted puede comprender el sobresalto que tuvo la madre de Roberto cuando, al abrirse la puerta del consultorio dental hacia la sala de espera, apareció su hijo desnudo como el día cuando nació? La sala de espera estaba llena de pacientes , pero Roberto y la mamá pasaron por en medio de ellos y salieron hacia el vestíbulo. Luego entraron en el ascensor público y bajaron hacia el estacionamiento de vehículos, sin tener en cuenta las sonrisas disimuladas de los observadores.

El siguiente día regresó la madre de Roberto para recoger la ropa, y solicitó una breve entrevista con el odontólogo. Sin embargo, ella no había llegado a protestar. Lo siguiente fue lo que ella expresó: "Usted no sabe cuánto aprecio lo que ocurrió ayer. ¿Sabe? Roberto ha estado amenazándome hace años con quitarse la ropa. Cada vez que estamos en un sitio público, por ejemplo en un almacén, él me pide cosas sin moderación. Si no le compro inmediatamente lo que quiere, me amenaza con quitarse toda la ropa. Usted es el primero que ha desenmascarado al farsante, doctor, y el impacto que esto ha producido en Roberto es increíble".[3]

Supongo que la moraleja de esta historia es la siguiente: Puede que no sea agradable ser siervo; pero cuando uno lo es, y cuando dice lo correcto, aunque sea impopular, algo bueno vendrá. O digamos esto mejor con palabras de Salomón:

> Cuando los caminos del hombre son agradables a Jehová, aun a sus enemigos hace estar en paz con él (Proverbios 16:7).

Ese fue el versículo que Giezi necesitó cuando Naamán se encolerizó. ¿Y sabe usted lo que le ocurrió posteriormente a Naamán? Finalmente hizo precisamente lo que se le había dicho que hiciera, y recibió el maravilloso resultado que se le había prometido.

> El entonces descendió, y se zambulló siete veces en el Jordán, conforme a la palabra del varón de Dios; y su carne se volvió como la carne de un niño, y quedó limpio (2 Reyes 5:14).

¡Fantástico!

¡A diferencia de muchos a quienes usted y yo podemos ayudar, este hombre regresó para darles las gracias a Eliseo y a Giezi! Quedó tan sobrecogido que ofreció, en gratitud, un regalo de magnitud. Eliseo se negó a recibir cualquier gratitud en forma tangible.

> Y volvió al varón de Dios, él y toda su compañía, y se puso delante de él, y dijo: He aquí ahora conozco que no hay Dios en toda la tierra, sino en Israel. Te ruego que recibas algún presente de tu siervo. Mas él dijo: Vive Jehová, en cuya presencia estoy, que no lo aceptaré. Y le instaba que aceptara alguna cosa, pero él no quiso. Entonces Naamán dijo: Te ruego, pues, ¿de esta tierra no se dará a tu siervo la carga de un par de mulas? Porque de aquí en adelante tu siervo no sacrificará holocausto ni ofrecerá sacrificio a otros dioses, sino a Jehová. En esto perdone Jehová a tu siervo: que cuando mi señor el rey entrare en el templo de Rimón para adorar en él, y se apoyare sobre mi brazo, si yo también me inclinare en el templo de Rimón; cuando haga tal, Jehová perdone en esto a tu siervo. Y él le dijo: Vé en paz. Se fue, pues, y caminó como media legua de tierra (versículos 15-19).

Pero ése no es el fin del relato. Notaría usted que Naamán también ofreció un presente a Giezi. Y el profeta se negó a recibirlo. Pero en lo profundo del corazón del siervo estaba agazapada la bestia silenciosa del alma: la avaricia, que es común entre algunos siervos. Para que usted no piense que soy demasiado duro, continúe leyendo:

> Entonces Giezi, criado de Eliseo el varón de Dios, dijo entre sí: He aquí mi señor estorbó a este sirio Naamán, no tomando de su

> mano las cosas que había traído. Vive Jehová, que correré yo tras él y tomaré de él alguna cosa. Y siguió Giezi a Naamán; y cuando vio Naamán que venía corriendo tras él, se bajó del carro para recibirle, y dijo: ¿Va todo bien? Y él dijo: Bien. Mi señor me envía a decirte: He aquí vinieron a mí en esta hora del monte de Efraín dos jóvenes de los hijos de los profetas; te ruego que les des un talento de plata, y dos vestidos nuevos. Dijo Naamán: Te ruego que tomes dos talentos. Y le insistió, y ató dos talentos de plata en dos bolsas, y dos vestidos nuevos, y lo puso todo a cuestas a dos de sus criados para que lo llevasen delante de él. Y así que llegó a un lugar secreto, él lo tomó de mano de ellos, y lo guardó en la casa; luego mandó a los hombres que se fuesen (2 Reyes 5:20-24).

¿Se da cuenta de la situación? Acaba usted de leer acerca del cuarto peligro, tal vez el más sutil que todo siervo tiene que soportar: la avaricia oculta.

El peligro de la avaricia oculta

Este es el deseo latente y secreto de ser recompensado, aplaudido y exaltado. Eliseo dijo: "No". De ningún modo él quería que el general dijera alguna vez: "El hizo eso por lo que obtendría de mí". Eso era lo que había llevado al profeta a responder: "no lo aceptaré" (versículo 16). Pero Giezi era una persona distinta. Tal vez él estaba hastiado de sentirse usado y no apreciado, o tal vez ya estaba harto de vivir en estrechez con sus escasos recursos. Cualquiera que haya sido el caso, él poseía algunos sentimientos muy fuertes, puesto que inventó explicaciones con respecto a la decisión de Eliseo (versículo 20), falsificó la realidad cuando se encontró con Naamán (versículo 22), e intentó cubrir sus huellas cuando posteriormente se presentó delante de su señor (versículo 25). Leamos el trágico fin del relato:

> Y él entró, y se puso delante de su señor. Y Eliseo le dijo: ¿De dónde vienes, Giezi? Y él dijo: Tu siervo no ha ido a ninguna parte. El entonces le dijo: ¿No estaba también allí mi corazón, cuando el hombre volvió de su carro a recibirte? ¿Es tiempo de tomar plata, y de tomar vestidos, olivares, viñas, ovejas, bueyes, siervos y siervas? Por tanto, la lepra de Naamán se te pegará a ti y a tu descendencia para siempre. Y salió de delante de él leproso, blanco como la nieve (versículos 25-27).

Giezi experimentó un horrible castigo: fue expuesto y severamente juzgado. El no sólo se había levantado contra la decisión del profeta, sino que le había mentido cuando éste hizo frente a las malas obras del siervo. ¡Al siervo se le hizo responsable! Repito lo mismo que ya usted ha leído varias veces en este libro. La responsabilidad es esencial a fin de que cualquier siervo permanezca como barro puro y dócil en las manos del Señor. ¡Oh, que Jim Jones se hubiera aplicado esa misma verdad, antes de comenzar su descenso en espiral llevando tras sí a centeneres de personas!

Jim Jones fue completamente diferente del hombre que Rudyard Kipling tuvo en mente cuando escribió su poema *Si*. Este poema es un desafío inmortal a cada uno de los que deseamos servir:

> Si puedes conservar la calma cuando todos los que te rodean
> pierden la cabeza, y a ti te echen la culpa;
> si puedes confiar en ti mismo cuando todos de ti duden, pero
> también tener en cuenta las dudas de ellos;
> si puedes esperar sin cansarte,
> y si se dicen de ti mentiras, no tratar con mentiras,
> o si eres odiado, no dar lugar al odio,
> y, sin embargo, no dar la impresión de que eres demasiado
> bueno, ni hablar con demasiada sabiduría:
> Si puedes soñar, y no permitir que te dominen los sueños;
> si puedes pensar, y no hacer de tus pensamientos tu meta;
> si puedes hacer frente con triunfo al desastre,
> y tratar a estos dos impostores de igual modo.
>
> ....
>
> Si puedes hablar a las multitudes y conservar tu virtud,
> o andar con reyes, sin perder el toque común;
> si no pueden ofenderte los enemigos, ni los amantes amigos;
> si todos cuentan contigo, pero ninguno en demasía;
> si puedes llenar el minuto implacable
> con 60 segundos de distancia avanzada en una carrera,
> ¡tuya es la Tierra y todo lo que en ella hay,
> y, aun más, tú serás un hombre, hijo mío!

ALGUNAS LECCIONES PERSISTENTES

Hemos intentado mantener una posición objetiva al investigar la vida de un siervo del Antiguo Testamento. Hemos descubierto cuatro peligros comunes a que él se enfrentó, y que son idénticos a aquellos con los cuales luchamos nosotros:

- El protegió exageradamente a la persona a la cual sirvió, y manifestó un carácter dominante con respecto a él.

- Sintió que estaba siendo usado y que no era apreciado.
- Experimentó una inmerecida falta de respeto y tuvo resentimientos.
- Tuvo una avaricia escondida: un deseo de recibir recompensa.

De estos peligros muy reales y comunes surgen por lo menos tres lecciones oportunas para que todos las recordemos.

1. **No hay ningún siervo que esté completamente seguro.** ¡Es duro aceptar esta verdad! Los que damos y damos, a medida que pasa el tiempo, llegamos a ser más vulnerables. Como lo indicaré en el capítulo 12 de este libro, que trata sobre las consecuencias de servir a otros, habrá ocasiones en que se abusarán de nosotros. *Sentiremos* que algunas personas nos pasan por encima. Que no somos apreciados. Pero el hecho de entender con anticipación que esto ocurrirá, nos capacita mejor para manejar el asunto cuando se presente. La perspectiva apropiada nos protegerá de tropezar y caer en estos peligros.

Con frecuencia me viene a la mente una declaración de uno de los libros de C. S. Lewis:

> Amar, en cualquier forma, es ser vulnerable. Si usted ama cualquier cosa, su corazón ciertamente será torturado y posiblemente será quebrantado. Si usted quiere tener la seguridad de mantenerlo intacto, no debe entregar su corazón a nadie, ni siquiera a un animal. Envuélvalo cuidadosamente con pasatiempos y pequeños lujos; evite todos los enmarañamientos; enciérrelo con llave en el cofre o ataúd de su egoísmo. Pero en ese ataúd, seguro, oscuro, inmóvil y sin aire, cambiará. No se quebrantará; llegará a ser inquebrantable, impenetrable e imposible de redimir . . . El único lugar, fuera del cielo, donde usted puede tener su corazón perfectamente seguro de todos los peligros . . . del amor, es el infierno.[4]

Ningún siervo está completamente seguro. Cuando usted sirve a otros, apóyese firmemente en el Señor.

2. **La mayoría de las obras del siervo no serán inicialmente recompensadas.** Repito que es útil saber estas cosas antes de meter la cabeza. Si usted es de aquella clase de personas que necesitan muchas palmaditas de felicitación de la gente, que tienen que ser apreciadas para poder continuar durante largo tiempo, es mejor que se olvide de ser siervo. Con mucha frecuencia, la gente no se dará cuenta de usted, será pasado por alto, estará detrás del

escenario y virtualmente será desconocido. La recompensa de usted no vendrá de afuera, sino de adentro. No de la gente, sino de la satisfacción interna que Dios da.

Gran parte del ministerio cristiano exige esta mentalidad. El pastor puede colocarse de pie a la salida de la iglesia, luego de haber presentado su sermón, y estrechar las manos de todo el rebaño, mientras cada uno dice cosas agradables acerca de él (a esto lo llama mi amigo Howard Hendricks "la glorificación del gusano", y ciertamente estoy de acuerdo con tal descripción); pero en realidad, si ese hombre predica para lograr esos pocos momentos de lisonja *—claro que la mayoría no lo hace por ese motivo—*, está en la profesión equivocada. Los verdaderos siervos aceptan de inmediato la verdad de las siguientes palabras que son muy conocidas:

> A trabajar os mando por el mundo,
> Sin recompensa, fama o sostén,
> Para aguantar las luchas y las burlas,
> A trabajar os mando yo también.
>
> A soledad y ansia yo os mando,
> Con corazones llenos de amor;
> Abandonando hogares y amigos,
> Para sufrir os mando yo también.
>
> Como el Padre me mandó, así os mando yo.[5]

La mayoría de las obras de los siervos no serán recompensadas inicialmente. Ese es un axioma básico que tenemos que aceptar.

3. Todos los motivos tienen que ser sinceramente investigados. Aprenda usted una lección de Giezi. Antes de saltar, piense en preguntar por qué. Antes de aceptar cualquiera de los presentes tangibles de gratitud de parte de Naamán (hay ocasiones cuando son perfectamente aceptables), examine cuál es la razón de hacer eso. Compruebe cuál es su motivo, estimado consiervo.

Durante los días cuando estuve en el seminario, me formé un hábito que me ha ayudado inmensamente a través de la vida. Le pedí a mi hermana Luci, quien es artista, que me escribiera una simple pregunta de cuatro palabras en una tarjeta rectangular que coloqué en la pared a un nivel más alto del escritorio donde yo pasaba la mayor parte del tiempo. Eran simples letras negras en una tarjeta blanca, encerradas entre signos de interrogación bien remarcados:

¿CUAL ES TU MOTIVO?

Ya no tengo la tarjeta, pero la pregunta está ahora indeleblemente grabada en mi mente. Me la hago casi todos los días de mi vida. Ha demostrado ser un punto esencial de referencia que ahora aplico de manera regular:

"¿Por qué estás haciendo este plan?"
"¿Qué razón respalda esto que haces?"
"¿Por qué dijiste que sí (o que no)?"
"¿Por qué motivo escribes esa carta?"
"¿Por qué te entusiasma esta oportunidad?"
"¿Qué es lo que hace que saques a luz pública ese tema?"
"¿Por qué mencionaste el nombre de esa persona?"
"¿Qué motivo tienes, Swindoll?"

Son preguntas escrutadoras, examinadoras, penetrantes. Si Giezi hubiera hecho eso, nunca hubiera muerto leproso. Francamente, me siento agradecido por el hecho de que tan extremas consecuencias no vienen sobre nosotros hoy, cuando nuestros motivos no son correctos. Si nos vinieran, las iglesias estarían llenas de leprosos.

Por el hecho de que el sendero del siervo es peligroso, necesitamos cultivar un sensible andar con Dios que se caracterice por la *obediencia.* Es tan importante este asunto, que he decidido dedicar el siguiente capítulo a dicho tema.

11

La obediencia de un siervo

Un conocido ensayo escrito por un autor anónimo hace muchos años, dice lo siguiente acerca de Jesucristo:

> Han transcurrido XIX largos siglos, y hoy el Señor es el centro de la raza humana y el Líder de la columna del progreso. Estoy absolutamente dentro de la verdad cuando digo que todos los ejércitos que jamás hayan marchado, todas las marinas de guerra que alguna vez se hayan formado, todos los parlamentos que jamás se hayan reunido, y todos los reyes que alguna vez hayan reinado, en conjunto, no han afectado la vida del hombre en esta tierra tan poderosamente como la ha afectado aquella sola vida.

El doctor Wilbur Smith, ya fallecido, erudito bíblico muy respetado de la última generación, escribió:

> La última edición de la enciclopedia Británica dedica 20.000 palabras a esta persona, Jesús, y ni siquiera da una insinuación de que él no haya existido. A propósito, a este tema dedica más palabras que a Aristóteles, Alejandro, Cicerón, Julio César o Napoleón Bonaparte.[1]

George Buttrick, en un artículo publicado en la revista *Life,* agrega:

> Jesús dio a la historia un nuevo comienzo. En todas partes de la tierra, él está como en casa . . . El día de su nacimiento se obser-

va en todo el mundo. El día de su muerte ha hecho que se proyecte una horca en el horizonte de todas las ciudades.[2]

Aun Napoleón admitió lo siguiente:

Conozco a los hombres, y les digo que Jesucristo no fue un mero hombre. Entre él y cualquiera otro en el mundo no hay ningún posible término de comparación.[3]

Esas son palabras impresionantes.

Tal es el testimonio de personas influyentes, que pudieran multiplicarse por centenares, con respecto a la persona más fenomenal que alguna vez haya proyectado su sombra sobre el paisaje de esta tierra. Sin duda alguna, él es único. El es imponente en el sentido más verdadero de esta palabra.

¿Pero cómo fue él *personalmente* en su ser interno? ¿Hay algún pasaje, por ejemplo, donde él se describa a *sí mismo*? Sí, lo hay. ¿Cuadra tal descripción con la idea común de la grandeza humana? No. A diferencia de los más influyentes tipos de celebridades, la descripción que Jesús hace de sí mismo no se parece a la del personaje popular que nos hemos acostumbrado a oír.

Por ejemplo, recientemente me llegó por correo un folleto multicolor que anunciaba una serie de conferencias que serían presentadas en Los Angeles por un hombre (una "superestrella" cristiana) que ha viajado ampliamente, cuyo nombre es conocido por la mayor parte de la familia de Dios. Tengo que confesar que levanté las cejas sorprendido cuando leí en dicho folleto las siguientes palabras con que se describía al hombre:

Un individuo fenomenal . . .
Sumamente solicitado en todo el mundo . . .
¡El conferencista más buscado hoy!

Eso está muy lejos de la manera como Cristo se describió a sí mismo.

LA DESCRIPCION QUE JESUS HIZO DE SI MISMO

He estado realizando un estudio serio de la Biblia durante más de 20 años, y en todo ese tiempo sólo he hallado un pasaje en que Jesucristo describe su propio "hombre interior" con sus propias palabras. Al hacerlo, sólo usa dos palabras. A diferencia de la celebridad de Los Angeles, esas palabras no son *fenomenal* ni *sumamente*. Ni siquiera menciona que él era *buscado* como conferencista. Aunque es verdad que él tiene los atributos de sabiduría, poder, eternidad, omnisciencia y deidad, no dice: "Soy sabio y poderoso"; ni "Soy santo y eterno"; ni "Soy omnisciente, soy deidad absoluta". ¿Sabe usted lo que dijo? Un momento, pudiera sorprenderlo.

> Venid a mí todos los que estáis trabajados y cargados, y yo os haré descansar. Llevad mi yugo sobre vosotros, y aprended de mí, que soy manso y humilde de corazón; y hallaréis descanso para vuestras almas (Mateo 11:28, 29).

Soy *"manso"*. Soy *"humilde"*. Estos son calificativos que se aplican al siervo. *Manso.* Esta es la misma palabra que de una manera más bien cuidadosa examinamos en el capítulo 7 de este libro, cuando analizamos esa característica particular en un siervo. La palabra significa que la fuerza está bajo control. Usted recordará que se usa con respecto a un caballo salvaje que ha sido domado. El término *"humilde de corazón"* significa humilde. Es la palabra que sirve para describir a uno que ayuda. El altruismo y la solicitud entran en dicha descripción. Sin embargo, el término no significa débil e insignificante.

Francamente, me parece sumamente significativo el hecho de que cuando Jesús levanta el velo del silencio y, de una vez por todas, nos da una vislumbre de sí mismo, de la realidad de que está constituido su ser interno, usa los adjetivos *"manso"* y *"humilde"*. Como lo vimos al comienzo de este libro, cuando leemos que Dios el Padre está dedicado a formar en nosotros la imagen de su Hijo, eso significa que él quiere que se manifiesten en nosotros cualidades como éstas. Nunca nos pareceremos más a Cristo como cuando cuadremos con la descripción que él hace de sí mismo.

¿Y cómo se manifiestan esas características? ¿Cómo las manifestamos mejor? En nuestra *obediencia*. El servicio y la obediencia andan juntos como hermanos siameses. Y la más sublime ilustración de esto es el mismo Hijo, quien lo confesó abiertamente: ". . . nada hago por mí mismo . . . hago siempre lo que le agrada . . ." (Juan 8:28, 29). Dicho esto en otros términos equivalentes, la descripción que Cristo hizo de sí mismo se verificó en su obediencia. El practicó lo que predicó, como ningún otro que haya vivido alguna vez.

ILUSTRACION DE LA DESCRIPCION QUE JESUS HIZO DE SI MISMO

El estilo de vida manso y humilde del Salvador no se hace tan evidente en ninguna otra parte como en el relato de Juan 13, donde se describe el acto mediante el cual lavó los pies a sus amigos, los discípulos. Mediante ese acto, nos dejó algunos principios de valor intemporal con respecto al servicio, que no debemos tener la osadía de pasar por alto. Si verdaderamente estamos pensando en serio con respecto a mejorar nuestro servicio, tenemos que apartar tiempo para aprender, y aplicar los principios y también las implicaciones de Juan 13:4-17.

Información de fondo

La escena que se nos presenta en este capítulo ocurrió en la Jerusalén del primer siglo. En ese tiempo eran muy pocas las calles pavimentadas. En realidad, dentro de la mayoría de las ciudades, ni siquiera se había oído hablar de ellas. Las calles y las callejuelas de Jerusalén se parecían mucho a los caminos tortuosos, todas cubiertas con una espesa capa de polvo. Cuando llovía, esos senderos se llenaban de barro hasta una altura de varios centímetros. Por tanto, había la costumbre de que el anfitrión proveía un esclavo en la puerta de su hogar para que lavara los pies a los invitados cuando éstos llegaran. El siervo se arrodillaba con una jarra de agua, un lebrillo y una toalla; y lavaba el polvo o el barro de los pies de cada uno, con lo cual quedaban preparados para entrar en la casa. Los zapatos, las botas y las sandalias se dejaban en la puerta; esta costumbre aún prevalece en el Lejano Oriente. Si un hogar no podía ofrecer el esclavo para esto, uno de los primeros invitados que llegara, bondadosamente asumiría el papel del esclavo de la casa y lavaría los pies de los que fueran llegando. Lo que parece interesante es que *ninguno* de los discípulos se había ofrecido voluntariamente para ese humilde trabajo . . . así que el cenáculo estaba lleno de corazones orgullosos y de pies sucios. También es interesante el hecho de que aquellos discípulos estaban dispuestos a pelear por un trono, pero no por una toalla. Dicho sea de paso, desde ese entonces, las cosas no han cambiado mucho.

Demostración personal

Leamos detenidamente el relato de lo que ocurrió:

> . . . Jesús . . . se levantó de la cena, y se quitó su manto, y tomando una toalla, se la ciñó. Luego puso agua en un lebrillo, y comenzó a lavar los pies de los discípulos, y a enjugarlos con la toalla con que estaba ceñido. Entonces vino a Simón Pedro; y Pedro le dijo: Señor, ¿tú me lavas los pies? Respondió Jesús y le dijo: Lo que yo hago, tú no lo comprendes ahora; mas lo entenderás después. Pedro le dijo: No me lavarás los pies jamás. Jesús le respondió: Si no te lavare, no tendrás parte conmigo. Le dijo Simón Pedro: Señor, no sólo mis pies, sino también las manos y la cabeza. Jesús le dijo: El que está lavado, no necesita sino lavarse los pies, pues está todo limpio; y vosotros limpios estáis, aunque no todos. Porque sabía quién le iba a entregar; por eso dijo: No estáis limpios todos (Juan 13:3-11).

Al meditar en la escena que Juan nos describe, surgen unas dos o tres observaciones.

El ser siervo es algo que no se anuncia

Jesús nunca dijo: "Hombres, les voy a hacer una demostración de servicio. Observen mi humildad". De ninguna manera. Esa clase de orgullo obvio era la característica de los fariseos. Si uno quería saber si eran humildes, lo único que tenía que hacer era estar cerca de ellos durante algún tiempo. Tarde o temprano, ellos lo anunciarían . . . y ésa fue la razón por la cual Jesús les dirigió palabras tan fuertes en Mateo 23.

A diferencia de aquellos piadosos impostores, el Mesías se levantó de la mesa, tranquilamente se quitó el manto externo, y con toalla, jarra de agua y lebrillo en mano, pasó apaciblemente de hombre a hombre. Ahora, entienda usted, por favor, que ellos no estaban sentados en la manera como los pintó Leonardo de Vinci en su obra *La última cena.* Este genio del arte merece todo respeto, pero él perdió la realidad bíblica cuando pintó la escena a través de los ojos del Renacimiento. ¡Ellos no estaban sentados en sillas con respaldo de cuero, en un comedor, todos a un lado de la mesa! En aquel tiempo, la gente se reclinaba sobre un codo, mientras el cuerpo yacía sobre un delgado cojincillo o una alfombra más grande que cubría el piso. La mesa era un bloque de madera bajo y rectangular sobre el cual se colocaba el alimento. Y comían con las manos, no con utensilios. En esta posición, si los pies de un individuo no estaban limpios, la persona que le seguía estaba muy enterada de ello. Sería difícil pasar por alto a uno que tuviera los pies sucios.

Cuando Jesús llegó a donde estaba Pedro, estoy seguro de que la mayor parte de la conversación trivial había disminuido. Para este momento, ya los hombres habían comprendido su error. El sentimiento de culpa había comenzado a abrirse paso hacia sus corazones. Pedro tuvo que haber retirado sus pies, y haberlos encogido hacia sí, cuando de hecho dijo: "¡No! Mis pies no. ¡Nunca, nunca jamás lavarás mis pies, desde ahora hasta la eternidad!" Esto nos lleva a una segunda observación de lo que significa tener un corazón manso y humilde.

El hecho de ser siervo incluye recibir bondadosamente así como también dar bondadosamente

Pedro no estaba dispuesto a ser así de vulnerable. Al fin y al cabo, Jesús era el Señor. ¡De ningún modo iba a lavar la suciedad de los pies de Pedro! Le pregunto a usted: ¿es eso humildad? Usted sabe que no lo es. Algunas veces se necesita más gracia para *recibir* que para dar. Y la renuencia de usted a recibir, realmente expone su orgullo. ¿No es verdad?

James "Frog" Sullivan, quien viajaba constantemente, pues estaba muy comprometido en reuniones cristianas, una tras otra (sin pensar mucho en las necesidades de su familia), se enfrentó a una situación no distinta de aquella a que se enfrentó Pedro. Su esposa sufrió un colapso emocional. Frog tuvo que internarla en un hospital siquiátrico durante un tiempo prolongado. Con una mezcla de intensos sentimientos, que iban desde un fuerte resentimiento e ira hasta la confusión y el sentimiento de culpa, condujo su coche hasta el hogar, angustiado, y se sentó a explicar todo a sus hijos, Cathy y Scott, esa noche tenebrosa. Por primera vez en presencia de ellos, este líder y padre, que amonestaba duramente, que siempre estaba en la cumbre, y que viajaba mucho, comenzó a llorar. Leamos lo que él sinceramente admite:

> Sin saber cuánto tiempo iba a tomar esto, o si ella iba a salir curada, llevé a los niños a que se comieran una hamburguesa y

les hablé interminablemente. Los alisté para que se acostaran y continué hablando. Esa noche comprendí que estaba enfrentado a una crisis en mi propia vida que me edificaría o me arruinaría. Esa tarde, yo había ido a la casa de unos amigos, y de la casa de ellos me había llevado una botellita de whisky. Después de acostar a los muchachos oré con ellos. Por primera vez en su vida me veía llorando mi pequeña Cathy. Me dijo: "Papá, nunca te había visto llorando". Creo que esa noche ella aprendió algunas cosas acerca de su padre: que yo era un hombre, que era humano, que estaba triste, solo, solitario.

Me bañé, me puse la ropa de dormir, y me dirigí a la nevera con el propósito de preparar una bebida. Creo que en ese momento reconocí que había terminado con Dios para siempre, que había terminado con la vida cristiana que había conocido, por cuanto yo había entregado todo a él, y ahora sólo había terminado con una esposa afligida, solitaria y confusa, y con un nido de problemas. Yo estaba realmente airado, pues volví a comprender que había perjudicado profundamente a Carolyn. Cuando me dirigía al refrigerador, sonó el timbre de la puerta. En la entrada estaba de pie un hombre increíblemente maravilloso: Jack Johnston.

Yo ya había orado esa noche, y en medio de la oración le había dicho a Dios que yo no entendía lo que estaba pasando. Yo había cumplido mi parte del convenio, pero él me había cometido esta vileza. Yo ya no sabía dónde estaba él, ni qué quería de mí. Yo le había entregado a él la sangre de mi vida y la de mi familia, y ahora, él estaba tratando de destruirme. Cuando Jack entró, me agarró y me abrazó tal vez durante unos diez o quince minutos. No recuerdo bien. Me demostró tanto cariño y tal fuerza de solicitud, que mi ira, mi amargura y mi desilusión parecieron transferirse de mi alma frágil a su mismo ser. Nunca me citó un versículo, ni me dijo nunca que todo iba a salir perfectamente bien. El sólo me bendijo con una breve oración y se marchó llevando mis hostilidades hacia la oscuridad de la noche.

Yo no entendí este asunto entonces, ni pretendo entenderlo ahora. Aún no entiendo lo que le ocurrió a Carolyn. Pero, a causa de Jack, pude aceptar la situación. El amor que nos manifestaron los cristianos en los siguientes meses fue asombrosa y abrumadoramente bello. Durante todo un mes nos trajeron las comidas a nuestra casa. Llegaron hermanos en la fe a hacer nuestras camas y a limpiar nuestra casa. Por el correo recibí sobres con dinero procedente de personas desconocidas para ayudarme con los gastos médicos, que se habían remontado hasta perderse de vista . . . .

Lo que nos destruye a muchos de los cristianos es que no somos capaces de relacionarnos unos con otros de una manera cálida, sincera y compasiva. Aun con los amigos íntimos, yo no

> practicaba esa conducta. Yo estaba tan ocupado en ser un cristiano "activo" (¡Hombre, yo era ciertamente eso!), que había olvidado aquello para lo cual Dios me llamó. Durante muchísimo tiempo no supe que se esperaba que el cristiano permitiera que alguien lo amase; yo pensaba que se esperaba que él siempre estuviera amando a alguien. No pensaba que era necesario permitir que alguien me amara a mí, ni siquiera Carolyn. Parece que en el contexto de mi fe cristiana, un individuo era adecuado si podía amar a la gente; pero era inadecuado si permitía que la gente lo amara.[4]

No puedo criticar a este hombre. Tengo que confesar que hallo las mismas tendencias de autosuficiencia en mí mismo. Dado que soy una persona que alcanza numerosos logros o metas, me parece difícil recibir de otros. Realmente difícil. Generalmente estoy en el lado que da, no en el que recibe. Mi orgullo lucha fuertemente para permanecer intacto. Esto quedó demostrado concluyentemente, y de una manera más bien vigorosa, en una época navideña hace varios años. Un hombre de nuestra congregación condujo su coche hasta nuestro hogar con un regalo de Navidad para nuestra familia. No era algo que estuviera envuelto en papel brillante y adornado con un gran lazo, sino un considerado regalo de amor que quería demostrar lavando todas las ventanas de nuestro hogar. Ese sábado por la mañana, cuando mi esposa y mis hijos lo recibieron en casa, yo me hallaba estudiando en la oficina en la iglesia. El comenzó a hacer tranquilamente el trabajo. Yo llegué un poco más tarde e inmediatamente noté que su carro estaba en frente de nuestra casa. Yo me pregunté si tal vez él tendría alguna necesidad (ahí estaba yo otra vez pensando como generalmente pienso).

Los muchachos salieron a recibirme en la puerta y me dijeron que Felipe (no es su nombre real) estaba en casa y que estaba lavando las ventanas. En primer lugar, me sorprendí, por supuesto. Yo sabía que él era un marido y padre ocupado, que no sólo tenía que limpiar ventanas, sino que debía hacer muchas otras cosas. No tenía que limpiar mis ventanas. Pasé al patio y lo vi sonriente.

—Felipe, ¿qué pasa? Hombre, no puedo creer esto.

—Charles —respondió, aún sonriente—, sólo quise hacer esto para usted y su familia. ¡Feliz Navidad!

—¡Epa, Felipe! (Ahora me siento un poco avergonzado.)

¿Qué le parece si sólo termina las del patio, y nosotros hacemos el resto? ¿Está bien?

—No. Me gustaría limpiar todas las ventanas alrededor de la casa.

—¡Vaya! Gracias, hombre . . . pero usted tiene muchas otras cosas importantes que hacer. Le diré lo que vamos a hacer. Usted limpia todas las de abajo, y los muchachos y yo limpiamos las de arriba.

—No, yo también quiero limpiar las de arriba.

—Bueno, ¿por qué no las limpia usted todas por fuera, y nosotros las limpiamos por dentro?

Felipe hizo una pausa, me miró directamente y me dijo: —Charles, yo quiero lavar todas las ventanas, las del segundo piso y las de la planta baja, por dentro y por fuera, cada una de ellas. Usted siempre está dando. Para que haya un cambio, me gustaría *que usted reciba.*

De repente, comprendí qué batalla tengo que librar para recibir con agrado los regalos de otros. Entiendo, pues, la renuencia de Pedro. Para él era difícil ser siervo, especialmente cuando se trataba de recibir algo de otra persona.

Con las siguientes palabras, Jesús le dijo algo fuerte a Pedro: "Si no te lavare, no tendrás parte conmigo" (Juan 13:8). Esta reprensión de nuestro Señor nos lleva a una tercera observación.

El hecho de ser siervo no es una señal de debilidad interna, sino de increíble fortaleza

No hay manera de evadir el golpe ni el efecto de las palabras que Cristo le dirigió a Pedro. Lo que en efecto le dijo fue lo siguiente: "Si no me permites hacer esto, hasta aquí llegamos. ¡Vete!" Cualquiera que viva engañado en el sentido de que Cristo fue más bien débil y carente de energía, ha pasado por alto declaraciones como ésta. El hecho de ser uno siervo no implica de ninguna manera que no habrá ninguna confrontación, o que no se dirán palabras fuertes a otros. El Señor puede decidir usar la reprensión de un siervo que se haya ganado el derecho de ser oído, aun con más frecuencia que la de un líder de tipo agresivo.

Esto ciertamente resultó eficaz en lo que se refiere a Pedro. Sabemos que le penetró el mensaje por cuanto dijo abruptamente con muchas palabras lo que podemos resumir con éstas: "¡Dame un baño!" No, eso no era necesario. Bastaba lavarle los pies.

Después que Jesús hizo que Pedro dejara su reacción exagerada y volviera al equilibrio, se sentó un rato entre los hombres para reflexionar con ellos e instruirlos. Juan nos dice lo que siguió:

> Así que, después que les hubo lavado los pies, tomó su manto, volvió a la mesa, y les dijo: ¿Sabéis lo que os he hecho? (Juan 13:12).

¡Qué pregunta tan rara! Obviamente, ellos sabían lo que él había hecho. ¡Les había lavado los pies! Pero él tenía en mente mucho más de lo que era obvio. Y así es siempre Jesús. El quería que ellos pensaran profundamente, que aprendieran algo muy perspicaz y valioso, como lo hace un siervo obediente. Veamos lo que les dijo:

> Vosotros me llamáis Maestro, y Señor; y decís bien, porque lo soy. Pues si yo, el Señor y el Maestro, he lavado vuestros pies, vosotros también debéis lavaros los pies los unos a los otros. Porque ejemplo os he dado, para que como yo os he hecho, vosotros también hagáis. De cierto, de cierto os digo: El siervo no es mayor que su señor, ni el enviado es mayor que el que le envió. Si sabéis estas cosas, bienaventurados seréis si las hiciereis (Juan 13:13-17).

Admonición directa

El les hizo una declaración sorprendente. Les declaró el papel de autoridad que tenía entre ellos: el "Maestro", el "Señor". Ahora bien ¿qué pensarían ellos que él haría de inmediato? Lo obvio: "Yo lavé vuestros pies; de modo que, ahora, lavadme los míos". Yo creo que eso era lo que ellos esperaban oír, así como reaccionamos nosotros: favor con favor se paga.

Pero en el caso de Jesús, eso hubiera sido un privilegio. ¿A quién *no le gustaría* lavárselos? Nos hubiéramos colocado en fila para lavarle los pies a nuestro Salvador. Pero eso no fue lo que él dijo. Eso ni siquiera se hubiera acercado a lo que es el epítome del servicio.

El les dijo que se lavaran los pies *los unos a los otros.* Esto también nos lo dice a nosotros. ¡Qué admonición! ". . . como yo os he hecho, vosotros también hagáis". En ese nivel es donde nuestra obediencia se somete a la máxima prueba.

Ahora bien, aquí está el remache: "Porque ejemplo os he dado, para que como yo os he hecho, vosotros también hagáis" (versículo 15).

Vamos a leer esto de una manera mucho más popular:

"Ejemplo os he dado para que lo estudiéis los domingos". No.

"Ejemplo os he dado para que forméis grupos de discusión y meditéis en él". No.

"Ejemplo os he dado para que aprendáis de memoria mis palabras y las repitáis con frecuencia". No.

Jesús lo dijo claramente. El estaba buscando acción, no teoría.

"Ejemplo os he dado, para que como yo os he hecho, vosotros también *hagáis*".

Para que el valor de la obediencia llegue a ser tan práctico como sea posible, hagamos suposiciones. Supongamos que usted trabaja para mí. De hecho, usted es mi ejecutivo asistente en una compañía que crece rápidamente. Yo soy el propietario y estoy interesado en que mi empresa se extienda hasta el extranjero. Para llevar a cabo esto, hago planes de viajar al extranjero y permanecer allí hasta establecer la nueva rama de la empresa. Hago todos los arreglos para llevar a mi familia conmigo a Europa durante seis u ocho meses, y lo dejo a usted encargado de la activa organización en los Estados Unidos de América. Yo le digo a usted que le escribiré regularmente y le daré indicaciones e instrucciones.

Yo me voy y usted se queda. Pasan los meses. Yo despacho una serie de cartas desde Europa, y usted las recibe en la sede central de la compañía. Yo le explico a usted todas mis expectaciones. Finalmente regreso. Pronto, después de mi llegada, voy en mi coche hasta la oficina. ¡Me quedo aturdido! La grama y la yerba han crecido mucho. Unas cuantas ventanas de la calle están rotas. Entro en la sala de la recepcionista, y la veo que se está arreglando las uñas, que está masticando chicle y oyendo la música de su emisora predilecta. Miro alrededor y noto que las cestas de los papeles desbordan, la alfombra tiene una apariencia de que hace semanas no la han limpiado, y parece que nadie se preocupa por el hecho de que el propietario ha llegado. Pregunto dónde está el encargado, y alguien que está en el apiñado salón social señala hacia lo profundo de dicho salón y grita: "Creo que él está allí". Perturbado, me dirijo hacia ese lugar, y choco con él cara a cara en el momento en que está terminando una partida de ajedrez con nuestro jefe de ventas. Le pido que entre en mi oficina (que temporalmente se ha convertido en sala de televisión para ver los melodramas de la tarde).

—¿Qué es lo que pasa aquí, hombre?

—¿Qué me quiere decir usted, Charles?

—Bueno, ¡mire cómo está esto! ¿No ha recibido usted ninguna de mis cartas?

—¿Cartas? ¡Ah, claro, las recibí todas! De hecho, Charles, desde que usted se fue, hemos tenido *estudio de cartas* todos los viernes por la noche. Incluso hemos formado pequeños grupos con el personal para discutir las cosas que usted ha escrito. Algunas de esas cosas han sido realmente interesantes. Usted se sentirá realmente complacido al saber que unos pocos hemos aprendido de memoria algunas de sus declaraciones y párrafos. ¡Hay uno o dos que han aprendido una carta entera, o dos! ¡Hay buen material en esas cartas!

—Está bien; usted recibió mis cartas, las estudió y meditó en ellas, las discutió y hasta las aprendió de memoria. *¿Pero qué hizo con respecto a ellas?*

—¿Qué hice? ¡Ah, no hicimos nada con respecto a ellas!

¿Le parece a usted un poco conocida esta situación?

En Juan 13, Jesús, el Señor, va al fondo del asunto. "Porque ejemplo os he dado, para que como yo os he hecho, vosotros también hagáis". Os dejo un ejemplo de lo que debéis hacer: cumplid mis indicaciones, mis mandamientos, mis instrucciones. Eso es la obediencia: hacer lo que se nos dice que hagamos. El lavó los pies sucios, y luego dijo: "Hacedlo vosotros también". Lo que quiso decir es que debemos servir a otros. Entendamos, sin embargo, que la actitud correcta tiene que acompañar a las acciones correctas. ¡Tenga usted cuidado de la temperatura del agua que usa! Cuando usted "lava los pies", es fácil usar agua hirviente, o agua con hielo. Conozco a algunos que han llegado muy cerca de lavar los pies al seco. ¡Ah! Eso es malo. La meta es quitar lo sucio de los pies, no la piel.

APLICACION DE LA INSTRUCCION DE CRISTO

Cuando pensamos en estas cosas e intentamos darles el significado que nuestro Salvador quiso darles, comprendemos el tremendo hincapié que él hizo en la obediencia. Como ya lo hemos visto, ésta era la principal diferencia entre él y los fariseos. A ellos les encantaba morar en el reino de la teoría. La hipocresía era una característica de sus pasos. Ellos discutían mucho cuando se trataba del servicio . . . pero carecían del ingrediente que podía hacer todo auténtico: la *obedienci* :. Tal vez eso explica por qué el Señor les habló de manera tan fu ɜrte sobre el particular.

Al pensar en la manera de apropiarnos del modelo y del mandamiento de Cristo, veo que hay tres detalles específicos que me parecen suficientemente importantes como para mencionarlos.

1. La obediencia significa participación personal.

> Pues si yo, el Señor y el Maestro, he lavado vuestros pies, vosotros también debéis lavaros los pies los unos a los otros (Juan 13:14).

No podemos servir a otro que esté ausente o más allá del alcance de nuestro brazo. Eso quiere decir que, si alguien se está ahogando en un mar tormentoso, tenemos que mojarnos, tenemos que establecer contacto con él. Si alguien está siendo arrastrado por la corriente, no pasamos por alto a esa persona, sino que extendemos el brazo para ayudarle y restaurarla. Nadie aprendió jamás el esquí acuático en la sala de estar por medio de un curso por correspondencia. Si usted quiere aprender a esquiar tiene que meterse en el agua y participar. Piense en esto. Ahora, sinceramente, ¿está usted dispuesto a comprometerse a ayudar por lo menos a una persona que está en necesidad? La disposición tiene que preceder a la participación.

2. La obediencia reclama un altruismo como el de Cristo.

> Porque ejemplo os he dado, para que como yo os he hecho, vosotros también hagáis (Juan 13:15).

Permita usted que sus ojos penetren profundamente en esas palabras. Para lograr este concepto, necesitaremos ver a otros como Cristo los ve. Tendremos que arriesgarnos a extender los brazos, abandonar el lujo de estar seguros . . . renunciar a *nuestras* preferencias personales por amor a las de él. El altruismo nunca es fácil.

3. La obediencia da como resultado la felicidad final.

> Si sabéis estas cosas, bienaventurados seréis si las hiciereis (Juan 13:17).

Notemos que, en el análisis final, la felicidad viene de *hacer* estas cosas. ¿Eso qué quiere decir? Quiere decir que tenemos que llevar a cabo esto para poder entrar en el gozo del servicio. El solo hecho de estudiar estas cosas o discutirlas no produce una felicidad duradera. El regocijo viene cuando nos enrollamos las mangas, nos ceñimos la toalla a la cintura y . . . de manera tranquila . . . bondadosa y alegre . . . lavamos unos cuantos pies, así como Cristo fue "manso y humilde de corazón".

¿Quiere decir que las cosas nos irán bien siempre? ¿Estoy diciendo que los que tienen corazón de siervo no se sentirán defraudados ni ofendidos en el proceso? ¿Esta promesa de felicidad significa que estaremos protegidos del sufrimiento? *¡No, mil veces no!* Seamos realistas. Tenemos que hacer frente a consecuencias muy dolorosas, aunque hayamos sido mansos y humildes de corazón. ¿Qué más podemos esperar? El perfecto modelo de obediencia terminó su vida terrenal como cadáver en una cruz.

En el siguiente capítulo mantendremos todo esto en su perspectiva apropiada. A menudo hay consecuencias relacionadas con el servicio, aunque hayamos sido obedientes. Y tales consecuencias no son agradables ni las esperamos, como lo veremos. Cobre ánimo, consiervo. Esto pudiera doler un poco.

12

Las consecuencias de servir

Nos gusta que las cosas sean lógicas y justas. No sólo nos gusta eso, sino que operamos nuestras vidas basados en ese concepto. La lógica y la justicia son grandes armas en nuestra sociedad.

Lo que queremos decir es lo siguiente: Si hago lo bueno, me vendrá lo que procede de la buena voluntad; y si hago lo malo, me ocurrirán cosas malas. Lo bueno trae recompensas y lo malo trae consecuencias. Ese es un axioma muy lógico y justo de la vida, pero hay un problema en relación con él. *No siempre es cierto.* La vida no funciona así de bien. No hay ni una sola persona de las que lee estas palabras a quien no se le haya invertido la situación. Todos hemos tenido la infeliz e infortunada experiencia de hacer lo bueno y, sin embargo, sufrir por ello. Y también hemos hecho lo malo en algunas ocasiones sin recibir castigo. Esto último podemos manejarlo más bien con facilidad . . . pero lo primero es una píldora difícil de tragar.

A mí no me parece un problema irritante, por ejemplo, conducir a más de 100 kilómetros por hora en la autopista y escaparme impunemente. Normalmente no me quedo despierto toda la noche por sentirme mal a causa de que el vigilante de tránsito no me aplicó una multa, aunque con toda justicia yo la merecía.

¡Pero que uno de esos tipos me ponga una multa, sin que yo haya hecho algo malo, entonces me pongo fuera de mí! Y así es usted. *Odiamos* que se nos estafe. Las consecuencias corresponden a las malas acciones. Cuando las malas consecuencias vienen como resultado de las buenas acciones, luchamos con resentimiento e ira.

UNA EVALUACION REALISTA DEL SERVICIO

Me gustaría poder decir que esto sólo ocurre en relación con la conducción de vehículos, pero no puedo decirlo. También ocurre en relación con nuestro servicio. Usted perdonará, dará, olvidará, renunciará a su propia voluntad, obedecerá a Dios hasta el máximo y lavará los pies con actitud mansa y humilde; y después de todas esas bellas acciones, de vez en cuando, será tratado mal. Quiero que todos entremos en este ministerio de servir con nuestros ojos bien abiertos. Si servimos a otros un tiempo suficientemente largo, sufriremos maltrato por hacer lo bueno. El hecho de saber todo esto con anticipación, nos ayudará a mejorar nuestro servicio. Créamelo.

Sufrir por hacer lo bueno

La Biblia no nos esconde esta dolorosa realidad. En 1 Pedro 2:20-24 (porción que, de paso, se dirige a los siervos; vea el versículo 18), leemos:

> Pues ¿qué gloria es, si pecando sois abofeteados, y lo soportáis? Mas si haciendo lo bueno sufrís, y lo soportáis, esto ciertamente es aprobado delante de Dios. Pues para esto fuisteis llamados; porque también Cristo padeció por nosotros, dejándonos ejemplo, para que sigáis sus pisadas; *el cual no hizo pecado, ni se halló engaño en su boca;* quien cuando le maldecían, no respondía con maldición; cuando padecía, no amenazaba, sino encomendaba la causa al que juzga justamente; quien llevó él mismo nuestros pecados en su cuerpo sobre el madero, para que nosotros, estando muertos a los pecados, vivamos a la justicia; y por cuya herida fuisteis sanados.

Parte de esto tiene sentido, según nuestra norma lógica y justa. Otra parte no lo tiene. Si una persona hace lo malo, y luego sufre las consecuencias, aunque sufra con paciencia el castigo, nadie la aplaude. ¿Quién se impresiona realmente, por ejemplo, si Charles Manson pasa tranquilamente sus años en la cárcel sin quejarse? Esa no es ninguna gran virtud.

Pero ahora, grábese usted esto claramente en su mente: ¡Cuando usted hace lo bueno y *sufre* por ello con gracia y paciencia, Dios lo aplaude! Ilustración: el sufrimiento y la muerte de Cristo en la cruz. El, el perfecto Dios-hombre, fue maltratado, odiado, difamado, golpeado y finalmente clavado en una cruz cruel. Sufrió las horribles consecuencias, aunque pasó su vida dando y sirviendo. Escuche 1 Pedro 3:17, 18:

> Porque mejor es que padezcáis haciendo el bien, si la voluntad de Dios así lo quiere, que haciendo el mal. Porque también Cristo padeció una sola vez por los pecados, el justo por los injustos, para llevarnos a Dios, siendo a la verdad muerto en la carne, pero vivificado en espíritu.

Hay algo que es cierto: Si la gente trató a un individuo perfecto de ese modo, entonces las personas imperfectas no pueden esperar escapar del maltrato. Si hasta ahora no me ha sucedido, algún día me sucederá. Con ese hecho en mente, me gustaría dedicar este capítulo a los que han sido maltratados en algún tiempo, y a los que ahora están siendo maltratados . . . ¡y también a los que serán maltratados algún día!

La respuesta al maltrato

Eso de recibir consecuencias negativas como resultado de servir no es un fenómeno nuevo. Se remonta a mucho tiempo atrás. Los siervos magnánimos del Dios viviente, amorosos, solícitos y abnegados han experimentado maltratos a través de los siglos. No conozco ninguna porción bíblica más conmovedora que los siguientes versículos del capítulo 11 de Hebreos, que declaran la realidad de las consecuencias que se obtienen por servir:

> Las mujeres recibieron sus muertos mediante resurrección; mas otros fueron atormentados, no aceptando el rescate, a fin de obtener mejor resurrección. Otros experimentaron vituperios y azotes, y a más de esto prisiones y cárceles. Fueron apedreados, aserrados, puestos a prueba, muertos a filo de espada; anduvieron de acá para allá cubiertos de pieles de ovejas y de cabras, pobres, angustiados, maltratados; de los cuales el mundo no era digno; errando por los desiertos, por los montes, por las cuevas y por las cavernas de la tierra. Y todos éstos, aunque alcanzaron buen testimonio mediante la fe, no recibieron lo prometido (Hebreos 11:35-39).

Torturados. Rechazados. Amenazados. Hambrientos. Enfermos. Martirizados. Como dice la Biblia Viviente, personas que fueron "demasiado buenas para este mundo", fueron castigadas a puntapiés como si fueran grandes muñecos de trapo . . . aunque ellas dieron y sirvieron. Si eso les sucedió a tales individuos, ¿necesito decir más? Sí, tal vez lo deba hacer.

Mi principal objetivo en este capítulo es el de prepararlo a usted para lo inevitable. La amargura crece algunas veces en el contexto de la desilusión. Infortunadamente, hoy hay muchos cristianos que se han quedado a un lado, tragándose el ácido del resentimiento y de la amargura, por cuanto han sido maltratados después de haber hecho lo bueno. Si este capítulo lo salva a usted del aguijón paralizante de la amargura y de la desilusión, habrá cumplido su propósito.

EL LADO OSCURO DEL SERVICIO

Volvamos a 2 Corintios, capítulo 4, una porción bíblica que ya hemos visto varias veces. Tal vez usted recuerde las siguientes palabras:

> Porque no nos predicamos a nosotros mismos, sino a Jesucristo como Señor, y a nosotros como vuestros siervos por amor de Jesús. Porque Dios, que mandó que de las tinieblas resplandeciese la luz, es el que resplandeció en nuestros corazones, para iluminación del conocimiento de la gloria de Dios en la faz de Jesucristo. Pero tenemos este tesoro en vasos de barro, para que la excelencia del poder sea de Dios, y no de nosotros (2 Corintios 4:5-7).

Esas son palabras de un siervo sincero, humilde y transparente. Los cristianos hemos recibido un tesoro inapreciable (el glorioso evangelio) en vasos muy frágiles y perecederos (nuestros cuerpos). Hay una razón para ello. Así no habrá ninguna duda en cuanto a que la fuente de poder tiene que ser de Dios, y no de origen humano. Así que, para verificar cuán frágil es nuestra humanidad, Pablo enumera cuatro luchas comunes en las cuales vivimos los siervos. Yo las llamo consecuencias del servicio. Veámoslas todas las cuatro en los dos versículos que siguen, antes de analizarlas una por una, y luego ampliarlas con la ayuda del capítulo 11 de 2 Corintios. Si usted tiene un lápiz a la mano, puede encerrar en un círculo en su Biblia las siguientes palabras: *"atri-*

bulados", "en apuros", "perseguidos", "derribados".

> . . . que estamos atribulados en todo, mas no angustiados; en apuros, mas no desesperados; perseguidos, mas no desamparados; derribados, pero no destruidos (2 Corintios 4:8, 9).

La tribulación

Esta palabra viene de un término griego que sugiere la idea de presión. Es una tensión provocada por las circunstancias difíciles o la gente que se opone.[1] En otras palabras, cuando los siervos se sienten atribulados, están presionados, acosados y oprimidos. El verbo griego del cual se tradujo la palabra, *thlibo,* tiene un significado fuerte que algunas veces significa "tratar con hostilidad".

Los apuros

Pablo pasa a decir que hay ocasiones en que los siervos de Dios llegan a estar "en apuros". Es interesante el hecho de que la combinación de términos griegos originales de la cual se tradujo "en apuros", significa "sin salida". Es un cuadro de confusión, en que no sabe a dónde ni a quién acudir en busca de ayuda. El significado de esta palabra abarcaría circunstancias tan perplejas como estar sin recursos, sentirse acosado y con dudas en lo que se refiere al procedimiento. Tenemos la expresión "perplejo, sin saber qué hacer", que describe adecuadamente ese sentimiento de incertidumbre. Aún hay más.

La persecución

Originalmente, el vocablo *persecución* significó "correr detrás de, perseguir".[2] La idea que comunica el término es la de que alguien nos persigue, en otras palabras, "se entromete en nuestros asuntos". Es una palabra que indica una acción activa, agresiva, y se refiere a cualquier cosa de esta naturaleza comenzando por la intimidación, pasando por el ataque y hasta llegar al verdadero ataque. Los siervos *sufrirán* persecución. Tal vez usted recuerde lo que comentamos en el capítulo 8 de este libro, cuando analizamos la última bienaventuranza y la aplicamos. Pablo habla claramente y dice que *eso* sucederá. "Y también todos los que quieren vivir piadosamente en Cristo Jesús padecerán persecución" (2 Timoteo 3:12). La persecución es una de aquellas consecuencias dolorosas que van junto con la tribulación y con los apuros. Finalmente, Pablo nombra una consecuencia más.

El rechazo

El participio "derribados" expresa la idea de ser uno tirado, empujado a un lado, o desechado. Esta es la razón por la cual J. B. Phillips lo parafraseó de la siguiente manera: ". . . podemos ser derribados de un golpe . . .". ¡Qué sorprendente! Aunque hagamos fiel y constantemente nuestro trabajo, aunque ayudemos, sirvamos y demos a los demás, de vez en cuando podemos ser derribados y rechazados.

Un caso absurdo que sirve para ilustrar esto me ocurrió recientemente. Si a usted le gusta observar el juego de fútbol, o jugarlo (a mí ciertamente me encanta), habrá observado que en los últimos años se ha agregado algo curioso. Podríamos llamarlo "rebote". Un equipo forcejea para abrirse camino hacia su meta, yarda por yarda (se trata del fútbol norteamericano). Las carreras, las acciones disimuladas del juego y los pases se mezclan en el desarrollo del plan particular del equipo para tomar a la defensa por sorpresa. Los minutos parecen horas a medida que el equipo que lleva la ofensiva avanza laboriosamente y con lentitud. De repente sucede lo extraordinario. Una jugada resulta bella: la defensa queda fuera de posición. Un hombre musculoso o algún puntero de pies ligeros cruza velozmente la meta con la pelota. ¡Seis tantos! Pero tan pronto como este atleta cruza la línea levanta la pelota en alto y la hace rebotar reciamente contra el suelo. Esto lo hace con toda su fuerza. Al ser arrojado contra la tierra de este modo, sin misericordia, el balón rebota como si estuviera frenético. El jugador, ni siquiera dice: "¡Gracias, balón!"

Yo he pensado: ¿Qué ocurriría si esa pelota tuviera sentimientos? ¿Qué diría si pudiera hablar? ¿Puede usted imaginar cómo reaccionaría luego de ser golpeada de ese modo? Había cumplido bien su trabajo. Había permanecido inflada. No se deslizó fuera de los brazos del jugador; no falló. Esa fue la razón por la cual el equipo obtuvo seis tantos. Y luego de eso la única gratitud que recibe es un horrible golpe. *¡Esto se parece al rechazo!* Y así ocurre con los siervos de Dios. Hacemos lo correcto . . . y luego se nos lanza hacia un lado. Algunas veces se hace eso con crueldad.

Y realmente es algo que nos duele mucho.

¡Siervos, escuchen! Estas cuatro expresiones forman un esquema inspirado del trato que podemos esperar. Estas son las consecuencias negativas, el lado oscuro del servicio. Mantengamos nuestros ojos bien abiertos cuando tomamos la toalla para realizar una pequeña acción de lavar los pies a uno por uno. De vez en cuando, alguien nos va a dar coces. Ahora bien, esto no significa que Dios nos ha abandonado, ni que estamos fuera de su voluntad. Sólo significa que la gente es gente, que las ovejas son ovejas. Todo eso es parte del proceso de humillación que Dios usa para dar forma a nuestras vidas, hasta que estemos "conformes a la imagen de su Hijo" (Romanos 8:29).

EXPLICACION CLARA DE LAS CONSECUENCIAS

Ahora bien, lo que antecede es suficiente como teoría. Veamos cómo influyen estas cosas en nuestra vida diaria. Volvamos al capítulo 11 de 2 Corintios. El mismo apóstol que escribió acerca de la tribulación, de los apuros, de la persecución y del rechazo en el capítulo 4, ahora amplía cada uno de estos conceptos en el capítulo 11. El capítulo cuatro nos dice lo que sucederá; el capítulo 11 nos explica cómo. Pero antes de ver cómo encajan estos dos capítulos el uno con el otro, permítame indicarle algo interesante. En 2 Corintios 11:23, Pablo dice: "¿Son ministros de Cristo? . . . Yo más". E inmediatamente, ¿qué menciona para demostrar que tiene mejor base para sostener que es más siervo que los demás? *¡Las cosas que ha sufrido!* ¿No es eso significativo? En varios de los versículos que siguen, Pablo enumera las consecuencias dolorosas, una tras otra para probar a sus lectores cuán auténtico era él como siervo. Es un hecho ineludible. Si usted habla en serio cuando dice que quiere conformarse a la imagen de Cristo, tendrá que aprender a hacer frente a las consecuencias. Los que sirven, *sufrirán.*

Leamos lentamente los siguientes versículos:

> ¿Son ministros de Cristo? (Como si estuviera loco hablo.) Yo más; en trabajos más abundante; en azotes sin número; en cárceles más; en peligros de muerte muchas veces. De los judíos cinco veces he recibido cuarenta azotes menos uno. Tres veces he sido azotado con varas; una vez apedreado; tres veces he padecido naufragio; una noche y un día he estado como náufrago en

alta mar; en caminos muchas veces; en peligros de ríos, peligros de ladrones, peligros de los de mi nación, peligros de los gentiles, peligros en la ciudad, peligros en el desierto, peligros en el mar, peligros entre falsos hermanos; en trabajo y fatiga, en muchos desvelos, en hambre y sed, en muchos ayunos, en frío y en desnudez; y además de otras cosas, lo que sobre mí se agolpa cada día, la preocupación por todas las iglesias (2 Corintios 11:23-28).

¡Qué historias las que podía contar Pablo!

Ahora, ¿recuerda usted las cuatro expresiones de 2 Corintios 4? En 2 Corintios 11, los versículos 23-28 amplían el significado de cada una de ellas. La comparación que se puede hacer es la siguiente:

Capítulo 4	Capítulo 11
• Tribulación	". . . en trabajos más abundante".
• Apuros	". . . en cárceles más".
• Persecución	". . . en azotes sin número".
• Rechazo	". . . en peligros de muerte muchas veces".

Obviamente los dos pasajes están íntimamente relacionados. Cada una de las cuatro categorías de consecuencias negativas que aparecen en el capítulo 4 se explican detalladamente en el capítulo 11, donde se dan algunos de los acontecimientos reales.

En trabajos

En correspondencia con las presiones y tensiones (tribulación) están los "trabajos" que Pablo menciona cuando dice:

> . . . en trabajo y fatiga, en muchos desvelos, en hambre y sed, en muchos ayunos, en frío y en desnudez; y además de otras cosas, lo que sobre mí se agolpa cada día, la preocupación por todas las iglesias (2 Corintios 11:27, 28).

Eso es precisamente lo que significa estar bajo presión. Es curioso el hecho de que no pensamos que un gran apóstol como Pablo sufriera alguna vez de insomnio; pero sí lo experimentó . . . algunas veces a causa de grandes privaciones, como el hambre, el frío, exposición a los peligros . . . y otras veces a causa de preocupación por los muchos ministerios a los cuales se había entregado. A esto lo llama "lo que sobre mí se agolpa cada día".

La presión y la tensión debilitan, y algunas veces matan. Me di cuenta de esto, de una manera más bien impresionante, cuando leí un libro *(Executive Survival Manual* —Manual de supervivencia para el ejecutivo), que trata acerca de la tensión que los ejecutivos tienen que soportar. En un capítulo que trata sobre "La tensión del ejecutivo", los autores miden la influencia de la presión sobre las personas midiendo el factor tensión en "las unidades de cambio de la vida".[3] Cuanto más elevado sea el número de unidades, tanto mayor es el riesgo de ser víctima de una enfermedad emocional o física en los meses que siguen. Por ejemplo, ellos afirman que si usted tiene que soportar entre 200 y 299 unidades de cambio de vida en determinado año, es probable que sufra alguna clase de enfermedad en el término de los dos años siguientes. Esa probabilidad es del 50 por ciento. Si usted soporta 300 unidades o más, la probabilidad salta al 80 por ciento. Me fue interesante descubrir la siguiente lista de situaciones de presión y sus correspondientes unidades de cambio de vida:[4]

1.	Muerte del cónyuge	100
2.	Divorcio	73
3.	Separación del cónyuge	65
4.	Detención en la cárcel o en otra institución	63
5.	Muerte de un familiar cercano	63
6.	Una pérdida personal importante o una enfermedad	53
7.	Casamiento	50
8.	Pérdida del empleo	47
9.	Reconciliación marital	45
10.	Jubilación	45
11.	Algún cambio grande en la salud o en la conducta de algún familiar	44
12.	Embarazo	40
13.	Dificultades sexuales	39
14.	Aumento de la familia (por nacimiento, adopción o porque algún anciano llegue a vivir con ella)	39
...	...	...
16.	Algún cambio grande en la condición económica (mucho mejor o peor que lo común)	38
17.	La muerte de un amigo cercano	37
...	...	...
23.	La salida de algún hijo del hogar (por haberse casado, o para realizar estudios, etc.)	29
24.	Problemas con los parientes políticos	29
...	...	...
30.	Dificultades con el jefe	23

31.	Cambios fundamentales en las condiciones o en las horas de trabajo	20
32.	Cambio de residencia	20
33.	Cambio a otra escuela	20
. . .	. . .	. . .
41.	Vacaciones	13
42.	Navidad	12
43.	Pequeñas violaciones de la ley (como multas de tránsito, cruce indebido de una calle, perturbación de la paz, etc.)	11

Cuando leemos las presiones a que estuvo sometido Pablo, podemos suponer que las unidades de cambio en su vida tuvieron que haber sido 400 o más.

En cárceles

Luego menciona Pablo, en concordancia con los "apuros", que constituyen una categoría de consecuencias negativas, las ocasiones desilusionantes en que sufrió maltrato y cárcel. Ciertamente tuvo que haber habido ocasiones en que él no supo hacia dónde mirar, ni a quién acudir. La duda y las preguntas tuvieron que haberlo asaltado con enloquecedora regularidad. Volvamos a leer el versículo 26:

> . . . en caminos muchas veces; en peligros de ríos, peligros de ladrones, peligros de los de mi nación, peligros de los gentiles, peligros en la ciudad, peligros en el desierto, peligros en el mar, peligros entre falsos hermanos.

Este era uno de aquellos grandes hombres "demasiado buenos para este mundo", que era empujado hacia un lado y amenazado, y que vivía en el borde mismo de un constante peligro. En este solo versículo, Pablo usa ocho veces el término griego *kindunos,* que se tradujo "peligro". Si usted se coloca a sí mismo en esas numerosas situaciones, y para colmo es lanzado en la cárcel varias veces, siente como si estuviera bajo el efecto de drogas alucinantes, como decimos hoy. Su mente le hace raras jugadas. Usted se pregunta dónde está Dios, y ocasionalmente incluso duda de Dios. Se siente desorientado, confuso internamente. Y sobre todo eso está la experiencia más común que admiten todos los que han estado en la cárcel: *una profunda soledad.* Mezcle usted todo eso . . . y obtendrá el verdadero cuadro.

Los que han leído la magnífica historia de Corrie ten Boom en

"El refugio secreto"[5] han llegado a amar a esta fuerte mujer de Dios que emergió de los horrores de la Segunda Guerra Mundial con una fe tan sólida como el granito. Pero otra historia de la misma tragedia, la de Elie Wiesel, les da a los lectores una perspectiva diferente del horror del holocausto. La obra *Night* (Noche) de Wiesel lo cautivará a usted y no le permitirá separarse de ella hasta leerla toda. En un lenguaje terso, y en apretadas oraciones, él describe aquellas escenas y su propia confusión cuando fue testigo de un capítulo de su vida (en su adolescencia) que nosotros preferiríamos borrar.

Este joven judío lo vio todo. Otros judíos de su misma aldea fueron despojados de sus bienes y los llevaron en camiones para ganado, donde la tercera parte de ellos murió antes que llegaran a su destino. El vio cuando los bebés eran asesinados a horquilladas, cuando ahorcaban a los niños pequeños, cuando los presos mataban a sus compañeros de cárcel, débiles y flacos, para quitarles un solo trozo de pan mohoso. Incluso vio cuando su madre, su querida hermanita y toda su familia desaparecieron en un horno cuyo combustible era carne humana.[6]

El Dios de Wiesel fue asesinado en Birkenbau. En su alma también murió algo que le era muy caro y precioso, pues todos sus sueños se volvieron polvo.

Francois Mauriac, el autor francés ganador del premio Nóbel, quien escribió el prólogo para el libro de Wiesel, habla acerca del tiempo en que conoció a Wiesel:

> Fue entonces cuando comprendí qué era lo que me había atraído al joven israelí: esa mirada, como si fuera la de Lázaro resucitado, y sin embargo, aún prisionero dentro de los sombríos confines donde se había extraviado tambaleándose entre los horribles cadáveres. Para él, el grito de Nietzsche expresaba una realidad casi física: Dios está muerto, el Dios de amor, de bondad, de consuelo; el Dios de Abraham, de Isaac, de Jacob, ha desaparecido para siempre, bajo la mirada de este niño, en el humo de un holocausto humano ejecutado en nombre de la Raza, el más voraz de todos los ídolos. ¡Y cuántos judíos piadosos han experimentado esta muerte! Ese día, que luce horrible aun entre aquellos días de horror, cuando este niño vio cuando ahorcaban a otro niño, y que según él, tenía la cara de un ángel, oyó que alguien gemía detrás de él: "¿Dónde está Dios? ¿Dónde está él? ¿Dónde puede estar ahora?"[7]

Confusión. Trágica y horrible. Experiencias como la que acabamos de leer harían lo mismo con usted. Pero no se puede pasar por alto la gran diferencia entre Corrie ten Boom y Elie Wiesel. Los siervos como Corrie ten Boom, que soportan victoriosamente las consecuencias, dan testimonio de la preciosa fidelidad de Dios, aun a través de los días de confusión.

En azotes

En concordancia con la clase de consecuencias negativas que encabeza la palabra "persecución", Pablo menciona varios ejemplos específicos:

> De los judíos cinco veces he recibido cuarenta azotes menos uno. Tres veces he sido azotado con varas; una vez apedreado; tres veces he padecido naufragio; una noche y un día he estado como náufrago en alta mar (2 Corintios 11:24, 25).

¿Puede usted imaginar cómo será eso de recibir azotes "sin número" (versículo 23)? Yo no puedo. Esta es la horrible realidad en que se abusa de un individuo en lo que se refiere a lo físico. Pocas personas experimentarán este dolor a tal extremo. Pero si usted piensa que sólo Pablo sufrió todo esto, consígase una copia de la obra *Fox's Book of Martyrs*[8] (Libro de mártires de Fox). Allí hallará usted informes, uno tras otro, de persecución desvergonzada y brutal. No hay vía de escape; los siervos de Dios se convierten frecuentemente en chivos expiatorios.

Esto ocurre con más frecuencia en el plano emocional que en el físico. Por alguna razón, a la depravación del hombre le gusta expresarse de este modo. Tomemos, por ejemplo, al profeta Daniel. Fiel, eficiente, sincero, dedicado al máximo, este hombre sirvió a los demás con un corazón puro. Pero esto se volvió contra él. Según el capítulo 6 del libro que lleva su nombre en el Antiguo Testamento, el mismo pueblo con el cual él trabajaba se volvió contra él. Ellos se propusieron probar que él carecía de integridad. Determinados a exponer la real verdad (que suponían que él estaba escondiendo), no dejaron piedra sin remover para lograr su propósito. ¿Puede usted imaginar cómo le dolió eso? Simplemente leamos:

> Pero Daniel mismo era superior a estos sátrapas y gobernadores, porque había en él un espíritu superior; y el rey pensó en ponerlo sobre todo el reino. Entonces los gobernadores y sátrapas buscaban ocasión para acusar a Daniel en lo relacionado al reino; mas

no podían hallar ocasión alguna o falta, porque él era fiel, y ningún vicio ni falta fue hallado en él (Daniel 6:3, 4).

En él no se halló ninguna falta. Los estudiantes de la Biblia destacan a menudo ese hecho . . . y lo debemos destacar. Pero por un momento colóquese usted en el lugar de Daniel. Usted es objeto de una investigación. Oye murmullos con respecto a su carácter. Circulan rumores que ponen en duda sus palabras y sus acciones. Se mira con suspicacia todo movimiento suyo. Sin embargo, no hay ni una pizca de verdad en todos esos rumores. Usted ha sido un modelo de autenticidad, se ha dedicado al doble papel de ayudar a otros y de honrar al Señor . . . pero éste es el agradecimiento que usted recibe. Quiero decirle que se necesita gracia del Todopoderoso para continuar hacia adelante en estas circunstancias *y* para aceptar el plan de él por encima del suyo.

Esto está en conformidad con las siguientes palabras del poeta:

En la aceptación se halla la paz

El dijo: "Olvidaré las caras moribundas;
los lugares vacíos
se llenarán de nuevo.
¡Oh voces que gemís dentro de mí, cesad!"
Vanas palabras, vanas, vanas.
En el olvido no se halla la paz.

El dijo: "Apilaré acciones una sobre otra;
la lucha de facciones
me anima y me sostendrá.
¡Oh lágrimas que sofocáis el fuego viril, cesad!"
Vanas palabras, vanas, vanas.
En el esfuerzo no se halla la paz.

El dijo: "Me retiraré y estaré en quietud.
¿Para qué meterme en el tumulto de la vida?
Cerraré mi puerta al dolor.
¡Oh deseo, tú me engañas, tú cesarás!"
Vanas palabras, vanas, vanas.
En el alejamiento no se halla la paz.

El dijo: "Me someteré, estoy derrotado;
Dios ha quitado
de mi vida sus ricas ganancias.
¡Oh fútiles murmullos! ¿Por qué no cesaréis?
Vanas palabras, vanas, vanas.
En la sumisión no se halla la paz.

El dijo: "Aceptaré el dolor que me quebranta,

que Dios mañana
a su hijo explicará".
Entonces cesó su profunda agitación.
Estas no son palabras vanas, no lo son.
Porque en la aceptación se halla la paz.[9]

En peligros de muerte

Hay una comparación más de consecuencias entre los capítulos 4 y 11 de 2 Corintios: "en peligros de muerte", cae en la categoría del rechazo. En 2 Corintios 4:9, Pablo dice que estamos "derribados". Y luego, para ilustrar cuán cerca llegó a estar de la misma muerte, menciona las siguientes experiencias en el capítulo 11 de la misma epístola.

- Naufragios (11:25)
- Una noche y un día como náufrago en alta mar (11:25)
- Peligros constantes por todas partes (11:26)
- Escasez de alimento (11:27)
- Exposición a las inclemencias del tiempo (11:27)
- Escape de la muerte al ser descolgado por un muro en un canasto (11:33).

Este no era un criminal. El hombre era inocente de maldad . . . sin embargo, fue mal entendido, maltratado, perseguido como un venado herido, y odiado por aquellos que antes lo respetaban. ¿Qué ocurrió? ¿Cómo pudo ocurrirle un trato tan injusto, casi fatal, a un hombre como Pablo? Y una pregunta aun más profunda: ¿Por qué permitió Dios eso?

Sin pecar de irreflexivo . . . lo permitió para dar curso al servicio. Aún es así. Incluso Pablo admitió que estamos en la siguiente situación:

> . . . llevando en el cuerpo siempre por todas partes la muerte de Jesús, para que también la vida de Jesús se manifieste en nuestros cuerpos. Porque nosotros que vivimos, siempre estamos entregados a muerte por causa de Jesús, para que también la vida de Jesús se manifieste en nuestra carne mortal . . . Por tanto, no desmayamos; antes aunque este nuestro hombre exterior se va desgastando, el interior no obstante se renueva de día en día. Porque esta leve tribulación momentánea produce en nosotros un cada vez más excelente y eterno peso de gloria; no mirando nosotros las cosas que se ven, sino las que no se ven; pues las cosas que se ven son temporales, pero las que no se ven son eternas (2 Corintios 4:10, 11, 16-18).

Esto suena bello, casi poético. Sin embargo, una cosa es leer las letras negras en la página blanca, y otra completamente diferente es adoptar ese estado de ánimo cuando todo se convierte en un caos.

¿Cómo se las arregla el siervo de Dios cuando todo parece desmoronarse?

SUGERENCIAS PARA HACER FRENTE A LAS CONSECUENCIAS

He hallado gran ayuda en dos verdades que Dios me dio en un tiempo de mi vida cuando fui bombardeado por una serie de golpes inesperados e injustos (desde mi punto de vista). En las horas más oscuras, estos principios llegaron a ser mi ancla de estabilidad, mi único medio de supervivencia. Atribulado, confundido, perseguido y rechazado en esa situación, reclamé para mí estas dos verdades, y me aferré a ellas como se aferra al mástil de un barco en el mar el hombre que está siendo golpeado por horribles olas, por fuertes vientos y por una lluvia tormentosa. Dios me llevó a través de las consecuencias e impidió que yo llegara a ser un hombre amargado.

Por el hecho de que estas verdades fueron eficaces para mí, se las paso a usted. Aunque corro el riesgo de dar la impresión de ser simplista, no sólo le sugiero que las escriba donde pueda leerlas a menudo, sino que también las aprenda de memoria. Llegará el día en que estará agradecido por haberlo hecho. Se lo aseguro. Estas verdades tienen apoyo bíblico, pero, en atención a la brevedad y a la claridad, no enumeraré todos los versículos que dan ese apoyo.

La siguiente es la primera verdad que usted puede reclamar cuando esté soportando las consecuencias del sufrimiento: **A mí no me toca nada que no haya pasado por las manos de mi Padre celestial.** Nada. Cualquier cosa que ocurra, Dios la ha estudiado soberanamente y la ha aprobado. Tal vez no sepamos por qué (tal vez *nunca* lo sepamos), pero sí sabemos que nuestro dolor no es un accidente para él, quien dirige nuestras vidas. A él no lo toma nada en absoluto por sorpresa. Antes que nos toque alguna cosa, pasa por sus manos.

La segunda verdad que usted debe reclamar para sí es la siguiente: **Todo lo que yo soporto está diseñado para preparar-**

me a fin de que sirva a los demás de una manera más eficaz. Todo.

Puesto que mi Padre celestial está dedicado a hacerme conforme a la imagen de su Hijo, él sabe cuál es el valor final de esta dolorosa experiencia. Es una parte necesaria del proceso de preparación. Tal experiencia se está usando con el propósito de que nuestras manos queden vacías de nuestros propios recursos, de nuestra propia suficiencia, y de que nos volvamos hacia él, el fiel Proveedor. Y Dios sabe lo que nos llegará a nosotros.

Cuando nuestra hija mayor, Charissa, fue sometida a dos intervenciones quirúrgicas en los ojos, experiencia que mencioné en mi libro *Tres pasos adelante, dos para atrás,*[10] yo pensé que la prueba había terminado. Pero no fue así. Posteriormente en 1979, ella sufrió una horrible caída que dio como resultado dos fracturas en la columna vertebral. Durante la primera parte de ese episodio, mi esposa y yo nos vimos obligados a esperar el resultado de lo que pasaría con su cuerpo. Opino que la disciplina más difícil en la vida cristiana es esperar. Pero Dios usó eso para obligarnos a confiar en él . . . a esperar en él . . . a creer en él . . . a renunciar a nuestra voluntad y aceptar la suya. No hay palabras para describir el dolor de esta transferencia de voluntades. Finalmente, cuando hicimos la transferencia, cuando quedamos con las manos vacías y dependiendo totalmente de él, Cynthia y yo nos apoyamos fuertemente en nuestro Dios. Fue un tiempo de *gran* tensión.

Hoy, ya Charissa tiene recuperada su columna vertebral. Nuestra hija no está paralizada, ni quedó con impedimentos en ningún sentido. Ella es una joven íntegra, saludable, enérgica y muy agradecida. Y debo agregar que *todos* los Swindoll han vuelto a comprender el valor de ser lanzados en las manos de nuestro Dios. Admito que, cuando me hallaba con el dolor de todo esto, yo luché con él. Pero cuando miro hacia atrás, puedo ver claramente que el proceso exigía que yo fuera despojado de mi fuerza. Dios diseñó el proceso para equipar a mi familia, especialmente a mí, a fin de que seamos mejores siervos.

> Una por una me quitó
> las cosas que más apreciaba.
> Con manos vacías quedé;
> ya ningún juguete brillaba.
>
> Triste recorrí los caminos,
> andrajoso por calles y vías,

hasta oír su voz que decía:
"¡Levanta tus manos vacías!"

Mis manos, entonces, al cielo
levanté y él las llenó
de sus trascendentes riquezas,
hasta que su don rebosó.

Y al fin con asombro entendí,
¡qué estupidez, a duras penas!
que Dios no derrama riquezas
en manos que ya están llenas.

—*Autor desconocido*

Puede que las cosas no sean lógicas ni justas, pero cuando Dios dirige los acontecimientos de nuestras vidas, son buenas, aunque suframos las dolorosas consecuencias de servir a los demás.

13

Las recompensas del servicio

Lo anterior es suficiente con respecto al lado oscuro del servicio. Terminemos con una nota positiva. Servir es algo que definidamente tiene recompensas, y son numerosas. Las recompensas sobrepasan a las malas consecuencias. Cuando pensamos en las recompensas, éstas nos motivan a seguir adelante.

Una de las grandes doctrinas del cristianismo es nuestra firme creencia en un hogar celestial. Al fin, pasaremos la eternidad con Dios, en un lugar que él nos ha preparado. Y parte de la emoción de la espera es la promesa que él dio de recompensar a sus siervos por el trabajo bien hecho. No conozco a muchos creyentes en Jesucristo que nunca hayan pensado en estar con su Señor en el cielo, y recibir su sonrisa de aceptación, y oír sus palabras: "Bien, buen siervo y fiel". A menudo nos referimos a uno que ha muerto con las siguientes palabras: "Se marchó a su hogar para recibir su recompensa". Muchas opiniones extrañas (algunas bien raras y descabelladas) rodean este tema. Pero la Biblia habla muy claramente con respecto a las recompensas que habrá por el servicio. Ante todo, necesitamos poner atención a lo que ella dice.

Recuerdo que cuando era un muchachito cantaba en una iglesia bautista de Tejas las siguientes palabras:

Me deleito al pensar en la bella ciudad
donde iré cuando el astro se ponga;
cuando esté con Jesús por su gracia y bondad,
¿yo de estrellas tendré mi corona?

¿Mis estrellas tendré, las tendrá mi corona,
cuando el sol de la vida se ponga?
Cuando esté en las mansiones de luz con los santos,
¿yo de estrellas tendré mi corona?

—Eliza E. Hewitt, *"Will There Be Any Stars?"*

Yo me preguntaba acerca de eso. Me parecía algo fantasmal, casi irreal. ¿Cómo podría haber estrellas en la corona que yo usaría?

Muchos años después aprendí y llegué a amar otra pieza musical que se canta en la iglesia. Procedía de un viejo volumen de cantos devotos que tenía el siguiente título: *Immanuel's Land and Other Pieces* (La tierra de Emanuel y otros cantos), por A. R. C., iniciales que representan modestamente el nombre de Anne R. Cousin. Cuando ella sólo tenía 32 años de edad compuso el mejor himno que se le conoce: "Las arenas del tiempo se están hundiendo". El poema original contiene 19 estrofas,[1] pero la mayoría de los cristianos sólo conocen cuatro o cinco. La última estrofa siempre será una de mis predilectas:

No los ojos de la esposa, ni su traje,
sino el rostro del querido Esposo;
no miraré la gloria,
sino al Rey de gracia;
no la corona que él da,
sino su mano herida.
El Cordero es toda la gloria
de la tierra de Emanuel.[1]

Estos dos cantos hablan de coronas celestiales. Son interesantes. ¿Pero qué dice *la Biblia*? ¿Apoya la Biblia la idea de las recompensas tangibles?

HECHOS BIBLICOS RELACIONADOS CON LAS RECOMPENSAS

Leemos en 1 Corintios 3:10-14:

Conforme a la gracia de Dios que me ha sido dada, yo como perito arquitecto puse el fundamento, y otro edifica encima; pero cada uno mire cómo sobreedifica. Porque nadie puede poner otro

> fundamento que el que está puesto, el cual es Jesucristo. Y si sobre este fundamento alguno edificare oro, plata, piedras preciosas, madera, heno, hojarasca, la obra de cada uno se hará manifiesta; porque el día la declarará, pues por el fuego será revelada; y la obra de cada uno cuál sea, el fuego la probará. Si permaneciere la obra de alguno que sobreedificó, recibirá recompensa.

La Escritura no sólo apoya la idea de las recompensas eternas, sino que también explica detalles específicos. En esta porción de la Escritura encuentro tres hechos fundamentales relacionados con las recompensas.

1. La mayor parte de las recompensas se reciben en el cielo, no en la tierra.

No me entienda usted mal, por favor. Hay recompensas terrenales. Aun el mundo ofrece a ciertas personas honores especiales: el Premio Pulitzer, el Premio Nóbel de la Paz, los galardones de las academias, de las instituciones oficiales, las condecoraciones del gobierno . . . y todos sabemos que a los atletas también se les ofrecen diversos galardones. A los militares se les ofrecen medallas por su valentía, como la Gran Cruz, la Estrella de Bronce, la Orden del Libertador, la Medalla de Honor. Pero cuando se trata del servicio, Dios reserva el honor especial para aquel día cuando "la obra de cada uno se hará manifiesta" y cada uno "recibirá recompensa" (1 Corintios 3:13, 14). La mayor parte de las recompensas que han de recibir los siervos se les entregarán después de la muerte, no antes.

2. Todas las recompensas se basan en la calidad, no en la cantidad.

¿Se dio usted cuenta de eso en los versículos que antes anotamos de 1 Corintios? ". . . la obra de cada uno cuál sea, el fuego la probará" (versículo 13).

A los humanos nos impresionan el tamaño, el volumen, el ruido y los números. Es fácil olvidar que los ojos de Dios siempre están mirando el motivo, la autenticidad, la verdad *real* que está por *debajo* de la superficie; nunca se detienen en la exhibición externa. Cuando él recompensa a los siervos, se basará en la *calidad*, lo cual significa que todos tendrán iguales oportunidades de recibir recompensa. La querida ancianita que se dedica a la oración tendrá tanto derecho a la recompensa como el predicador que anuncia el mensaje a las multitudes. El amigo apacible y fiel que ayuda a otro en su necesidad recibirá tanta recompensa como el vigoroso líder natural cuyos dones son más visibles. Un vaso de agua fría que se dé al alma herida, que esté lesionada por la adversidad, recibirá tanta recompensa como un acto de sacrificio en el campo misionero. Dios, nuestro fiel Señor, promete recompensar la calidad de nuestra labor. La gloria puede posponerse hasta la eternidad, pero vendrá. Esto me lleva a un tercer hecho relacionado con las recompensas.

3. No se olvidará ninguna recompensa que se posponga. No nos equivoquemos al respecto. La Biblia dice claramente: "... recibirá recompensa". Dios no hace cuentas al terminar cada día. Ni cierra sus libros cuando llega el fin de la vida de cada cual. No, de ningún modo. Pero, con toda seguridad, estimado consiervo, cuando aquel día llegue en la eternidad, cuando ya no haya más tiempo aquí en la tierra, ningún acto de servicio a los demás —conocido o desconocido—, será olvidado.

Un senador del siglo XIX, Benjamín Hill, habló con elocuencia cuando le rindió adecuado tributo al general confederado Robert E. Lee (un gran hombre que tenía espíritu de siervo):

> El fue un enemigo sin odio, un amigo sin traición, un soldado sin crueldad, una víctima sin murmuración. Fue un funcionario oficial sin vicios, un ciudadano privado sin injusticias, un vecino sin reproche, un cristiano sin hipocresía y un hombre sin culpa. El fue César, sin la ambición de éste; Federico, sin la tiranía de éste; Napoleón, sin el egoísmo de éste; y Washington, sin la recompensa de éste.[2]

Y lo maravilloso de todo esto es que usted no tiene que ser un Robert E. Lee para ser recordado. No tiene que ser un soldado valiente en la batalla, ni un hombre de estado que con bondad acepta la derrota. Usted puede ser un "Don Nadie" ante los ojos de este mundo y, sin embargo, su Dios fiel, algún día, le recompensará todo acto de servicio. Las recompensas pueden ser pospuestas, pero no se olvidarán jamás. A diferencia de muchas personas de hoy, Dios cumple sus promesas.

LAS PROMESAS DE DIOS PARA SUS SIERVOS

En una ocasión, cierta persona se dedicó a contar todas las promesas que hay en la Biblia, y llegó al asombroso resultado de casi 7.500. Entre ese gran número de promesas, hay algunas específicas que los siervos pueden reclamar hoy. Créame que hay ocasiones en que la única esperanza que usted tiene para continuar adelante estará en algo que Dios ha declarado en su Palabra, en que él prometió que la obra de usted no es en vano. Dividamos estas promesas en dos grupos: las que se relacionan con *su fidelidad,* y las que se relacionan con *nuestra fidelidad.*

Promesas que se relacionan con su fidelidad

Quiero mencionar varias promesas valiosas que nos aseguran que Dios es fiel para con nosotros, antes de indicar una en particular que merece especial atención.

A menudo me ha estimulado la que se halla en Isaías 41:10:

> No temas, porque yo estoy contigo; no desmayes, porque yo soy tu Dios que te esfuerzo; siempre te ayudaré, siempre te sustentaré con la diestra de mi justicia.

Y un poco más adelante, escribe Isaías:

> Pero Sion dijo: Me dejó Jehová, y el Señor se olvidó de mí. ¿Se olvidará la mujer de lo que dio a luz, para dejar de compadecerse del hijo de su vientre? Aunque olvide ella, yo nunca me olvidaré de ti. He aquí que en las palmas de las manos te tengo esculpida; delante de mí están siempre tus muros (Isaías 49:14-16).

¿A usted no le parece esto fantástico? Más fiel que una madre que cría, nuestro Dios nos vigila y se preocupa por nosotros.

Con frecuencia hemos recibido consejos del apóstol Pablo. Veamos algunas de las promesas que él escribió guiado por el Señor. Leemos en 2 Corintios 4:16-18:

> Por tanto, no desmayamos; antes aunque este nuestro hombre exterior se va desgastando, el interior no obstante se renueva de día en día. Porque esta leve tribulación momentánea produce en nosotros un cada vez más excelente y eterno peso de gloria; no mirando nosotros las cosas que se ven, sino las que no se ven; pues las cosas que se ven son temporales, pero las que no se ven son eternas.

¿Y quién puede olvidar la promesa de Filipenses 4:19?

> Mi Dios, pues, suplirá todo lo que os falta conforme a sus riquezas en gloria en Cristo Jesús.

¿O quién olvida las palabras de esperanza que se dieron con respecto a un siervo dilecto llamado Onesíforo?

> Tenga el Señor misericordia de la casa de Onesíforo, porque muchas veces me confortó, y no se avergonzó de mis cadenas, sino que cuando estuvo en Roma, me buscó solícitamente y me halló. Concédale el Señor que halle misericordia cerca del Señor en aquel día. Y cuánto nos ayudó en Efeso, tú lo sabes mejor (2 Timoteo 1:16-18).

No, nuestro Dios fiel jamás olvidará a los suyos. Tal vez las promesas más conocidas que tienen los cristianos como su esperanza final son las que se hallan en Apocalipsis 21:1-4:

> Vi un cielo nuevo y una tierra nueva; porque el primer cielo y la primera tierra pasaron, y el mar ya no existía más. Y yo Juan vi la santa ciudad, la nueva Jerusalén, descender del cielo, de Dios, dispuesta como una esposa ataviada para su marido. Y oí una gran voz del cielo que decía: He aquí el tabernáculo de Dios con los hombres, y él morará con ellos; y ellos serán su pueblo, y Dios mismo estará con ellos como su Dios. Enjugará Dios toda lágrima de los ojos de ellos; y ya no habrá muerte, ni habrá más llanto, ni clamor, ni dolor; porque las primeras cosas pasaron.

Y en Apocalipsis 22:3-5 leemos:

> Y no habrá más maldición; y el trono de Dios y del Cordero estará en ella, y sus siervos le servirán, y verán su rostro, y su nombre estará en sus frentes. No habrá allí más noche; y no tienen necesidad de luz de lámpara, ni de luz del sol, porque Dios el Señor los iluminará; y reinarán por los siglos de los siglos.

De esas inmortales palabras se rezuma una esperanza magnífica, increíble, inmutable. Póngales usted alguna marca para que las distinga bien. Habrá días desagradecidos y noches largas en que le penetrarán estas promesas.

Pero de todas las promesas relacionadas con la fidelidad de Dios en cuanto a tener especial cuidado de sus siervos, hay una que se destaca y que es mi predilecta: Hebreos 6:10:

> Porque Dios no es injusto para olvidar vuestra obra y el trabajo de amor que habéis mostrado hacia su nombre, habiendo servido a los santos y sirviéndoles aún.

Me gusta la paráfrasis que de este versículo hace *La Biblia al Día:*

> Dios no es injusto; ¿cómo podría él olvidar el ardor con que ustedes han trabajado, o el amor que le han demostrado y le siguen demostrando al ayudar a los demás hermanos en la fe?

El autor de la epístola está hablando a creyentes en Cristo. El hecho de que en el versículo anterior utilizó la palabra "amados" para dirigirse a ellos nos lo confirma. Y escribe esto a causa de la preocupación que tiene por unos pocos cristianos del primer siglo que habían comenzado a enfriarse espiritualmente y a apartarse del andar íntimo con Dios. El los anima para que permanezcan firmes, para que continúen la marcha, a que cuenten con que el Señor su Dios los tendrá en cuenta y los recompensará en consecuencia. En otras palabras, les recuerda aquella gran verdad que todos tenemos la tendencia de olvidar cuando los días se convierten en una lenta carrera de obstáculos: *¡Dios es fiel!* El usa seis palabras para comunicar este hecho: ". . . Dios no es injusto para olvidar . . .".

¿Qué queremos dar a entender cuando decimos que Dios es fiel? Significa que él es firme en su lealtad a su pueblo. El no nos abandonará en las dificultades. También significa que Dios se adhiere firmemente a sus promesas. El cumple su palabra. La fidelidad sugiere la idea de lealtad, de responsabilidad, de constancia, de resolución, de firmeza y de consecuencia. ¡En él no hay carácter voluble, no tiene una disposición de ánimo que varía cada rato!

Y luego el versículo pasa a decirnos lo que Dios recuerda fielmente acerca de sus siervos:

1. El recuerda nuestra obra, cada una individualmente.
2. También tiene en cuenta el amor que hay en nosotros y que impulsó la obra.

Nadie en la tierra puede hacer estas cosas especiales. Nosotros olvidamos, pero Dios recuerda. Nosotros vemos la acción, Dios ve el motivo. Esto hace que él sea el más idóneo como llevador de cuentas y como juez. El es el Unico que es justo de manera perfecta y constante. ¡Siervos, ustedes están en buenas manos con el Todopoderoso!

Aun los mejores siervos se cansan. El deseo del Señor es el de animarlos para que sean diligentes y para que confíen en él, a pesar de las demandas del trabajo. Esa es la razón por la cual el mismo escritor, antes de que se seque la tinta del versículo 10, agrega:

> Pero deseamos que cada uno de vosotros muestre la misma solicitud hasta el fin, para plena certeza de la esperanza, a fin de que no os hagáis perezosos, sino imitadores de aquellos que por la fe y la paciencia heredan las promesas (Hebreos 6:11, 12).

Promesas que se relacionan con nuestra fidelidad

En varios pasajes del Nuevo Testamento, hay promesas de Dios para sus siervos fieles. En este momento se destacan tres en mi mente:

> Así que, hermanos míos amados, estad firmes y constantes, creciendo en la obra del Señor siempre, sabiendo que vuestro trabajo en el Señor no es en vano (1 Corintios 15:58).

Subraye la palabra "vano". Su trabajo en el Señor no es en vano.

> No nos cansemos, pues, de hacer bien; porque a su tiempo segaremos, si no desmayamos. Así que, según tengamos oportunidad, hagamos bien a todos, y mayormente a los de la familia de la fe (Gálatas 6:9, 10).

Subraye el verbo "segaremos".

> . . . sirviendo de buena voluntad, como al Señor y no a los hombres, sabiendo que el bien que cada uno hiciere, ése recibirá del Señor, sea siervo o sea libre (Efesios 6:7, 8).

Subraye el verbo "recibirá".

Cuando hayamos hecho lo necesario, pero se nos ignore, se nos entienda mal o seamos olvidados . . . podemos estar seguros de que el trabajo *no fue en vano*. Cuando hagamos lo bueno, motivados por algo correcto, y no recibamos ningún crédito por ello, ningún reconocimiento, ni siquiera un "muchas gracias" . . . tenemos la promesa de Dios de que *segaremos*. Cuando cualquier siervo haya servido, y dado, y sacrificado, y luego se coloca voluntariamente a un lado para que Dios reciba la gloria, nuestro Padre celestial promete que *recibirá*.

Para ser aún más específico, Dios ha organizado su sistema de recompensas en conformidad con un arreglo único. El ofrece a sus siervos recompensas temporales y eternas.

Recompensas temporales

Volvamos a 2 Corintios 4, territorio muy conocido, y leamos de nuevo los versículos 7-11:

> Pero tenemos este tesoro en vasos de barro, para que la excelencia del poder sea de Dios, y no de nosotros, que estamos atribulados en todo, mas no angustiados; en apuros, mas no desespera-

> dos; perseguidos, mas no desamparados; derribados, pero no destruidos; llevando en el cuerpo siempre por todas partes la muerte de Jesús, para que también la vida de Jesús se manifieste en nuestros cuerpos. Porque nosotros que vivimos, siempre estamos entregados a muerte por causa de Jesús, para que también la vida de Jesús se manifieste en nuestra carne mortal.

Seré franco con usted. Jamás he leído en ninguna otra parte lo que Dios me ha comunicado en la última mitad del pasaje bíblico que acabo de anotar (versículos 10, 11), el cual aparece inmediatamente después de lo que pudiéramos llamar "el lado doloroso" del servicio (versículos 7-9). Permítame hacer hincapié en los versículos 10, 11, para lo cual registro otra versión del mismo pasaje:

> Siempre llevamos en nuestro cuerpo por todas partes la muerte de Jesús, para que la vida de Jesús también se manifieste en nuestro cuerpo. Porque nosotros que vivimos estamos siempre entregados a muerte por causa de Jesús, para que su vida se manifieste en nuestro cuerpo mortal (traducción directa de *Holy Bible: New International Version*).

¿Observa usted que la recompensa temporal está entretejida en las líneas de estos versículos? Es la siguiente: *La tranquila conciencia de que la vida de Cristo se está modelando en nosotros.* Eso es parte de lo que Pablo quiere decir cuando escribe: ". . . para que también la vida de Jesús se manifieste en nuestros cuerpos". Francamente, sólo conozco unas pocas cosas que son recompensas más satisfactorias y animadoras que la profunda comprensión de que nuestras acciones (y los motivos que las promueven) son expresiones visibles de Cristo para los demás.

Hay otra recompensa temporal que se menciona en este mismo pasaje de 2 Corintios:

> Porque todas estas cosas padecemos por amor a vosotros, para que abundando la gracia por medio de muchos, la acción de gracias sobreabunde para gloria de Dios (versículo 15).

No está escondida. El Señor la expresa y dice que, cuando usted y yo asumimos el papel de siervos, *existe la realización de que se está estimulando un espíritu de acción de gracias.* Y note, por favor, en el versículo 15, que Dios es el que recibe la gloria. ¡La gloria sobreabunda!

En el capítulo 11 de este libro mencioné el caso del hombre de nuestra iglesia que, tranquila y bondadosamente, lavó nuestras ventanas. ¿Sabe usted qué fue lo que saturó nuestro hogar durante toda esa época navideña? Un espíritu de agradecimiento. Este espíritu embargaba a toda la familia. El hecho de ver otra ventana limpia creaba dentro de nosotros un corazón agradecido.

Consideremos también los esfuerzos agotadores que hacen las madres con los bebés y con los niños que comienzan a caminar. No puedo pensar en una tarea que se agradece menos que la de cuidar a los niños, hasta el agotamiento, semana tras semana, . . . mes tras mes. Pero, madres, oiganme bien: Su espíritu de siervas produce un efecto benéfico en toda la familia. Y hay ocasiones especiales en que ustedes hacen mucho más que cumplir el deber que les corresponde.

Conseguí un ejemplo perfecto de esto mientras leía la espléndida obra de Joyce Landorf, "Canción de duelo", (publicada por la Editorial Vida). Joyce es una amiga mía muy cercana. Ella ha escrito muchos libros magníficos; pero, personalmente opino que no ha escrito nada mejor que el valiente y elocuente relato de la muerte de la madre de ella. Al tratar el tema del dolor y el sufrimiento en el hospital, Joyce habla de otra madre cuya significación no puede exagerarse: una mujer cuya historia ilustra la manera cómo una persona que sirve puede cambiar la atmósfera total de un salón hospitalario. Aparte usted tiempo para leer y experimentar la emoción en las propias palabras de Joyce:

> Las enfermeras realizan sus varias labores con insensible indiferencia. Escuchan lo menos posible y tocan sólo cuando es necesario. ¡Qué triste! Pero tal es la *fuerza* de la repulsión.
>
> Es como si efectivamente escucharan la canción de lamento, pero escapan ciegamente del sonido, taponeando sus oídos mientras corren y manteniendo la esperanza de que nada del mensaje se filtrará a través de su bloqueo cuidadosamente estructurado.
>
> He visto a los niños enfermos en su condición terminal en varios hospitales y puedo apreciar perfectamente cómo desgarra el alma tratar de trabajar entre ellos. Con todo, sigue siendo trágico dejar que la repulsión nos impida manifestar aprecio, cariño y amor por los pequeños en agonía.
>
> Mi colaborador, el doctor James Dobson, me contó el caso de una madre que estuvo dispuesta a hacer a un lado su repulsión a manifestar *su propia* aceptación, y luego, de una manera maravillosa, preparar a su hijito para la muerte.
>
> Ella era una mujer negra, grande, tan pintoresca como las niñeras de las plantaciones de los años idos. Venía cada día al hospital a visitar a su hijito de cinco años que agonizaba de la dolorosa enfermedad de cáncer pulmonar.

Cierta mañana, antes de que la madre llegara, una enfermera oyó que el niño decía: "¡Oigo las campanas! ¡Oigo las campanas! ¡Están sonando!"

Una y otra vez, aquella mañana las enfermeras y el personal lo oyeron decir eso.

Cuando llegó la madre, preguntó a una de las enfermeras cómo había estado su hijo aquel día, y la enfermera respondió: —Oh, él tiene alucinaciones hoy, probablemente sea el efecto de las medicinas, porque está diciendo cosas sin sentido. No hace otra cosa que decir que oye campanas.

Entonces el rostro de aquella hermosa madre se iluminó de comprensión, y agitando un dedo hacia la enfermera, dijo: —Escúcheme. *No son* alucinaciones las que tiene, y no es que esté trastornado a causa de alguna medicina. Hace algunas semanas le dije que cuando el dolor en su pecho fuese muy grande y le fuera difícil respirar, ello sería una señal de que iba a dejarnos. Significaría que iba a irse al cielo, y que cuando el dolor fuese *realmente* muy fuerte, que mirara arriba al rincón de su cuarto, hacia el cielo, y que pusiera atención al sonido de las campanas del cielo, *¡porque éstas estarían sonando por él!* —tras decir eso, se marchó por el pasillo, se deslizó en la habitación de su hijo, se inclinó y lo sacó de la cama, y lo acunó entre sus brazos hasta que el sonido de las campanas se desvaneció por completo, y él se hubo ido.[3]

¡Usted no me convencerá jamás de que aquella gran mujer con su amoroso acto maternal no causó un cambio en aquel hospital! El papel de siervo puede parecer insignificante . . . pero, en realidad, es tan poderoso como la dinamita.

Recompensas eternas

Por encima de estos beneficios temporales relacionados con el servicio, están también las recompensas eternas. El mismo Cristo, mientras preparaba a los 12 discípulos para una vida entera de servicio a los demás, prometió una recompensa eterna aun para el que da un vaso de agua fría. El dijo lo siguiente:

> El que recibe a un profeta por cuanto es profeta, recompensa de profeta recibirá; y el que recibe a un justo por cuanto es justo, recompensa de justo recibirá. Y cualquiera que dé a uno de estos pequeñitos un vaso de agua fría solamente, por cuanto es discípulo, de cierto os digo que no perderá su recompensa (Mateo 10:41, 42).

Tales palabras nos dicen que el mejoramiento de nuestro servicio comienza con cosas pequeñas. Comienza con atenciones: un abrazo de comprensión a un individuo que sufre; una nota breve a un individuo que se siente solo, despreciado y olvidado; un vaso de agua fría a uno cuyos labios estén resecos a causa de las calientes ráfagas del árido desierto, cuando todo parece fútil y sin valor. Dios tiene en cuenta todos estos esfuerzos.

Estas palabras toman un nuevo matiz de significado cuando leemos el conocido relato de Mateo 25. La escena ocurre después de esta vida. El juez está otorgando las recompensas. Los siervos que las reciben son tan altruistas, que hace tiempo han olvidado las obras que hicieron. ¡Pero el Señor no las ha olvidado!

> Cuando el Hijo del Hombre venga en su gloria, y todos los santos ángeles con él, entonces se sentará en su trono de gloria, y serán reunidas delante de él todas las naciones; y apartará los unos de los otros, como aparta el pastor las ovejas de los cabritos. Y pondrá las ovejas a su derecha, y los cabritos a su izquierda. Entonces el Rey dirá a los de su derecha: Venid, benditos de mi Padre, heredad el reino preparado para vosotros desde la fundación del mundo. Porque tuve hambre, y me disteis de comer; tuve sed, y me disteis de beber; fui forastero, y me recogisteis; estuve desnudo, y me cubristeis; enfermo, y me visitasteis; en la cárcel, y vinisteis a mí. Entonces los justos le responderán diciendo: Señor, ¿cuándo te vimos hambriento, y te sustentamos, o sediento, y te dimos de beber? ¿Y cuándo te vimos forastero, y te recogimos, o desnudo, y te cubrimos? ¿O cuándo te vimos enfermo, o en la cárcel, y vinimos a ti? Y respondiendo el Rey, les dirá: De cierto os digo que en cuanto lo hicisteis a uno de estos mis hermanos más pequeños, a mí lo hicisteis (Mateo 25:31-40).

Coronas

Este capítulo quedaría incompleto, si yo no mencionara las coronas eternas que están apartadas para los siervos de Dios. ¡Qué estudio tan fascinante! Pero para nuestro propósito, simplemente enumeraré las coronas eternas que se mencionan en el Nuevo Testamento, y ofreceré una breve explicación de cada una. Hay por lo menos cinco coronas prometidas en la Biblia:

1. La corona incorruptible (1 Corintios 9:24-27).

Esta recompensa se promete a los que corran victoriosamente la carrera de la vida. Teniendo en cuenta los versículos 26, 27, es decir, lo referente a "golpear" el cuerpo, queda claro que esta recompensa se concederá a los creyentes en Cristo que constantemente someten la carne al control del Espíritu Santo. En otras palabras, los que ponen en práctica las verdades de Romanos 6:6-14.

2. La corona de gozo (Filipenses 4:1; 1 Tesalonicenses 2:19, 20).

¡Esta corona será de tal naturaleza que los que la reciban se gloriarán y se regocijarán! Es la que les corresponde a los que ganan almas. Pablo la reclama para sí en relación con los dos grupos de creyentes a quienes él había ganado y había hecho discípulos de Jesucristo . . . el de los filipenses y el de los tesalonicenses. Nuestro Señor distribuirá esta corona a aquellos siervos que son fieles para proclamar el evangelio, conducir las almas a Cristo y luego edificarlas en él. Y recuerde que estas recompensas se recibirán ante un tribunal y no se basarán en la *cantidad* de obras terrenales, sino en la *calidad* de ellas (1 Corintios 3:13).

3. La corona de justicia (2 Timoteo 4:7, 8).

La corona de justicia se les concederá a aquellos que cada día manifiestan un amor especial hacia el inminente regreso de Cristo y lo esperan, los que viven en la tierra con la mente puesta en los valores de la eternidad. Kenneth Wuest captura el significado completo del versículo 8 en las siguientes palabras:

> A aquellos que hayan considerado preciosa la aparición de Jesús y, por tanto, la hayan amado, y como resultado de ello, en el tiempo presente mantienen esa actitud en sus corazones, a éstos, el Señor Jesús también les dará la guirnalda de justicia que corresponde al vencedor.[4]

Los que merecen esta corona diariamente anhelan que el Señor regrese.

4. La corona de la vida (Santiago 1:12).

Esta es la recompensa que espera a los santos que durante su vida terrenal sufrieron de una manera noble. El significado de esta recompensa no sólo se relaciona con las palabras "el varón que . . . haya resistido la prueba", sino también con la expresión "a los que le aman". Esta corona no se promete simplemente a los que soportan sufrimientos y pruebas . . . ¡sino a los que durante todo el tiempo en que soportan las pruebas aman al Salvador! Por tanto, el hecho de amar al Señor, y el deseo de que él sea glorificado en las pruebas y por medio de ellas, llega a ser el doble motivo por el cual el creyente soporta. Los santos que llenen estos requisitos (¡y el Señor es el Juez!) recibirán la corona de la vida.

5. La corona de gloria (1 Pedro 5:1-4).

Esta recompensa se promete a los que fielmente "apacientan la grey" en concordancia con los requerimientos que se expresan en los versículos 2 y 3. Aquellos pastores delegados que cumplan estos requisitos (disposición, dedicación con sacrificio, humildad y vida ejemplar) recibirán la corona de gloria.

¿Qué ocurrirá después de recibir estas coronas? Leamos lo que se nos dice en Apocalipsis 4:9-11:

> Y siempre que aquellos seres vivientes dan gloria y honra y acción de gracias al que está sentado en el trono, al que vive por los siglos de los siglos, los veinticuatro ancianos se postran delante del que está sentado en el trono, y adoran al que vive por los siglos de los siglos, y echan sus coronas delante del trono, diciendo: Señor, digno eres de recibir la gloria y la honra y el poder; porque tú creaste todas las cosas, y por tu voluntad existen y fueron creadas.

¡Qué escena! Todos los siervos de Dios están delante de su trono. ¿Qué están haciendo? ¿Pavoneándose por el cielo mientras exhiben sus coronas? No. ¿Están separados unos de otros como pavos reales, desplegando orgullosamente sus trofeos tangibles? No. Los siervos están inclinados en adoración. Han lanzado todas las coronas ante su Señor en actitud de adoración y alabanza, y le atribuyen toda la dignidad y el honor al Unico que merece alabanza: ¡al Señor Dios!

ESTIMULO PARA LOS SIERVOS

En este capítulo hemos cubierto mucho territorio bíblico. Lo que comenzó como una simple promesa de que Dios nos recompensará, llegó a ser más bien un análisis completo del qué, el cómo, el cuándo y el porqué. Tal vez unos tres o cuatro pensamientos ayuden a colocar todo esto en su correcta perspectiva.

Primero: Dios recordará todo acto de servicio, no importa si es pequeño o grande.

Segundo: El pone especial atención al corazón. Sabe si nuestras acciones están impulsadas por el amor.

Tercero: Cuando los siervos se extienden hacia los demás, la vida de Cristo se modela en ellos, y el espíritu de gratitud se estimula.

Cuarto: En el cielo están reservadas recompensas especiales y específicas para los que practican el arte de una vida altruista.

El escritor y pastor Charles Allen fue el primero que contó la historia de un muchachito llamado John Todd, que nació en Rutland, Vermont, Estados Unidos de América, en el otoño de 1800. Poco después del nacimiento del niño, la familia Todd se mudó a la pequeña aldea de Killingsworth. Estando allí, cuando John sólo tenía seis años de edad, murieron sus dos padres. Todos los niños tuvieron que ser repartidos entre los familiares. Una tía de corazón bondadoso, que vivía a unos 16 kilómetros de distancia, convino en recibir a John, amarlo, cuidarlo y darle un hogar.

El muchacho vivió allí unos 15 años y finalmente salió cuando se marchó a un seminario a fin de prepararse para ser un ministro evangélico. Al comienzo, el tiempo iba pasando poco a poco, y posteriormente, él sobresalió en su obra como pastor. Cuando él estaba en la mitad de su vida, su anciana tía cayó gravemente enferma. Al comprender que no estaba lejos de la muerte, con gran angustia le escribió a su sobrino. La triste carta incluyó algunas de las mismas preguntas que todos nos tendremos que hacer un día: "¿Cómo será la muerte? ¿Significará el fin de todo?" El temor y la incertidumbre se podían descubrir fácilmente en las temblorosas líneas de su carta.

Conmovido de compasión y abrumado por los recuerdos de los años pasados, él le escribió las siguientes palabras de consuelo:

> Ya hace 35 años que yo, un muchachito de seis años, quedé solo en este mundo. Usted me mandó a decir que me daría un hogar y sería para mí una madre bondadosa. Nunca he olvidado el día cuando hice el viaje de 16 kilómetros hasta su casa en North Killingsworth. Aún puedo recordar mi desilusión cuando, en vez de ir usted personalmente a buscarme, mandó a un hombre de color, César, a que me buscara. Recuerdo bien mis lágrimas y mi afán cuando, montado sobre el caballo y agarrado fuertemente a César, llegué a mi nuevo hogar. Se hizo de noche antes que termináramos el viaje, y a medida que oscurecía yo me sentía solo y con miedo.
>
> —¿Piensa usted que ella se acostará antes de que yo llegue? —le pregunté afanosamente a César.
>
> —¡No, no! —me respondió para consolarme—. Ciertamente ella se quedará esperándote. Cuando salgamos de estos bosques, verás la luz de su vela en la ventana.
>
> De inmediato salimos al claro, y allí ciertamente estaba la vela de usted. Recuerdo que estaba esperándome en la puerta, que me tomó en sus brazos y me levantó del caballo para bajarme. Yo era un muchachito que estaba cansado y perplejo. Usted

tenía un gran fuego en el fogón, y en la hornilla me esperaba una cena caliente. Después de la cena, me llevó a mi nuevo cuarto, me oyó mientras repetí mis oraciones y luego, se sentó junto a mí hasta cuando me quedé dormido.

Probablemente usted comprende por qué le estoy recordando esto. Algún día, pronto, Dios enviará a buscarla para llevarla a un nuevo hogar. No le tenga temor a la invitación, ni al extraño viaje, ni al negro mensajero de la muerte. Se puede confiar en que Dios hará a favor suyo tanto como usted hizo bondadosamente por mí hace muchos años. Al fin del camino, hallará amor; le espera una bienvenida, y usted estará segura al cuidado de Dios. Yo la vigilaré y oraré por usted hasta que esté fuera de vista, y luego esperaré el día cuando yo mismo haga el viaje y la encuentre al fin del camino, esperándome para saludarme.[5]

Casi no puedo leer esas palabras sin tener que reprimir las lágrimas. No sólo es una historia bella y verdadera, sino que es la esperanza de todo el que sirve. Así será. Así es como oiremos el "Bien, buen siervo y fiel". Como lo indica la carta, nos están esperando. El Señor nos está esperando para darnos la bienvenida. A los que servimos, a los que estamos donde Jesucristo estuvo hace muchísimos años, él nos promete recompensa. Y podemos estar seguros de que él cumplirá su promesa.

Conclusión

Son pocos los que practican el arte de la vida altruista, y aun más reducido es el número de los que lo dominan. En este apresurado mundo de la década que comenzó en 1980, no debe sorprendernos eso. Es difícil cultivar un corazón de siervo cuando uno está tratando de sobrevivir en una sociedad caótica dominada por las búsquedas egoístas. Y la tragedia mayor de tal existencia es lo que produce: una mentalidad independiente, autosuficiente, dominada por la supervivencia del más apto. Según veo lo futuro, no observo nada en el horizonte que ofrezca ninguna esperanza de cambio. Es decir, nada externo. Aunque parezca sombrío, nos dirigimos a una colisión, y los viajeros se sienten solos y confundidos. Algunos están absolutamente airados.

Algunos ofrecen un consejo cínico: "Mire, usted no puede cambiar el mundo. Simplemente procure cuidarse a sí mismo, espere, y mantenga la boca cerrada". Estamos rodeados de personas que abrazan esta filosofía. Admito que hay momentos en mi vida cuando estoy tan apresurado y confundido que tiendo a poner atención a ese consejo. Y con frecuencia, los que lo atienden tienen éxito, con lo cual agregan peso a sus palabras.

Pero esta filosofía no satisface. Ciertamente, el hombre no fue diseñado para vivir y tratar a los demás de ese modo. ¡Para entrar en la eternidad, *tiene que haber* un camino mejor, que no sea el de llegar allí con el corazón frío, con las manos vacías y sin respiración!

Ese camino existe. Sobre él he escrito estos 13 capítulos.

Sin embargo, como usted lo ha descubierto, los principios que he explicado tienen que ponerse en práctica desde adentro. Son diferentes de cualquier cosa que usted oiga de las superestrellas y celebridades que se hacen a sí mismas, cuyos estilos de vida no son compatibles con el concepto de siervos. Eso debe esperarse. Pero usted es diferente. No hubiera leído este libro hasta este punto, si no lo fuera. A menos que yo esté equivocado, usted está cansado de lo superficial. Quiere convertirse en una fuerza de bien en un mundo de mal: una persona auténtica en un mundo hipócrita. Usted está cansado de sólo criticar lo que ocurre alrededor suyo. Quiere ser parte de la respuesta, y no del problema. Usted, como yo, aprecia las siguientes palabras de un sabio y anciano profesor:

> Hay un nuevo problema en nuestro país. Nos estamos convirtiendo en una nación dominada por grandes instituciones: iglesias, empresas, gobiernos, sindicatos, universidades. Y estas grandes instituciones no nos están sirviendo bien. Espero que todos ustedes se preocupen por esto. Ahora bien, usted puede hacer como yo, quedarse afuera y criticar, presionar si puede, escribir y discutir sobre el particular. Todo esto puede hacer algún bien. Pero no sucederá nada sustancial a menos que dentro de estas instituciones haya personas que puedan y quieran dirigirlas hacia una mejor realización para el bien público. Algunos de ustedes deben realizar sus carreras dentro de estas grandes instituciones, y deben llegar a ser una fuerza para el bien, desde adentro.[1]

A través de todo este libro, he declarado y reafirmado el mismo punto esencial: Puesto que Jesucristo, el Hijo de Dios, tomó para sí el papel de un siervo, nosotros también tenemos que tomarlo. El que pudo haber sido o haber hecho cualquier cosa, de manera consciente y voluntaria decidió ser un siervo, uno que da. Entonces, si hemos de llegar a ser cada vez más parecidos a Cristo (lo cual es aún nuestra meta, ¿no es verdad?), nosotros también debemos dar y servir.

Ya se ha escrito suficiente al respecto. Es tiempo de poner estas palabras y principios en práctica . . . de machacarlos sobre el yunque en el lugar donde vivimos, trabajamos y jugamos. Si allí son eficaces, la verdad de este libro no tendrá dificultad para resistir a los que dicen: "Eso no funcionará, así que no pierda su tiempo". Pero si estos principios no producen la clase de hombres y mujeres que imitan la vida de Jesucristo, de manera triste y absoluta, he estado equivocado.

El tiempo domostrará el valor de estas verdades relacionadas con el servicio. Que el nombre de Dios sea honrado por el hecho de que usted y yo nos dedicamos de nuevo a mejorar nuestro servicio, a cultivar el arte de la vida altruista, a servir y a dar a los demás.

Tal como lo hizo Jesucristo.

Notas

Capítulo 1

1. Ver Frank, Sartwell, "The Small Satanic Worlds of John Calhoun" ("Los mundillos satánicos de John Calhoun"), *Smithsonian Magazine,* abril de 1970, pág. 68 y siguientes. Ver también John B. Calhoun, "The Lemmings' Periodic Journeys Are Not Unique" ("Los viajes periódicos de los ratones de Noruega no son únicos"), *Smithsonian Magazine,* enero de 1971, especialmente la pág. 11.
2. Margery Williams, *The Velveteen Rabbit* (El conejo de terciopelo). Nueva York: Doubleday and Company, Inc., 1958, págs. 16, 17.

Capítulo 2

1. Visual Products Division /3M (Departamento de productos visuales), St. Paul, Minnesota 55101.
2. Wilbur Rees, "$3.00 Worth of God" ("Tres dólares de Dios"), *When I Relax I Feel Guilty* (Cuando reposo me siento culpable) por Tim Hansel. Elgin, Illinois: David C. Cook Publishing Co., 1979, pág. 49.
3. Paul Zimmerman, "He's a Man, Not a Myth" ("El es un hombre, no un mito"), *Sports Illustrated* (Deportes ilustrados), 53 No. 4 (21 de julio de 1980): 61.
4. J. Grant Howard, *The Trauma of Transparency* (El trauma de la transparencia). Portland: Multnomah Press, 1979, pág. 30.
5. J. B. Phillips, *When God Was Man* (Cuando Dios fue hombre). Nashville: Abingdon Press, 1955, págs. 26, 27.

6. Juan Carlos Ortíz, *Discípulo*, Caparra Terrace, Puerto Rico, Editorial Betania, págs. 36, 37.

Capítulo 3

1. S. Lewis Johnson, Jr., "Beware of Philosophy" ("Cuidado con la filosofía"), *Bibliotheca Sacra,* 119, No. 476 (octubre-diciembre de 1962), págs. 302, 303.
2. Reimpreso de *Tell Me Again, Lord, I Forget* (Dímelo de nuevo, Señor, yo olvido) por Ruth Harms Calkin. ©1974 David C. Cook Publishing Co., Elgin, Illinois 60120. Se usa con permiso.
3. Alexander Whyte, D. D., *Bible Characters* (Personajes bíblicos), Vol. 2, *The New Testament* (El Nuevo Testamento). Londres: Oliphants Ltd., 1952, pág. 190.
4. Marion Leach Jacobsen, *Crowded Pews and Lonely People* (Bancas apiñadas de gente solitaria). Wheaton, Illinois: Tyndale House Publishers, 1972, pág. 110.

Capítulo 4

1. Horatio G. Spafford, "It Is Well with My Soul" ("Está bien con mi alma"), copyright 1918, The John Church Co. Se usa con permiso de la casa publicadora.
2. G. Abbott-Smith, *A Manual Greek Lexicon of the New Testament* (Léxico manual del griego del Nuevo Testamento). Edinburgh: T. & T. Clark, 1921, pág. 109.
3. G. Kittle, editor, *Theological Dictionary of the New Testament (Diccionario teológico del Nuevo Testamento)*, Vol. 1. Grand Rapids: Wm. B. Eerdmans Publishing Co., 1964, pág. 253.
4. C. M. Battersby, "An Evening Prayer" ("Una oración para la noche"), copyright 1911 por Charles H. Gabriel, © renovados 1939, The Rodeheaver Co. (un departamento de Word, Inc.). Se usa con permiso.
5. Charles Caldwell Ryrie, *The Ryrie Study Bible: The New Testament* (Biblia de estudio de Ryrie: El Nuevo Testamento). Chicago: Moody Press, 1977, pág. 56.
6. Ray C. Stedman, "Breaking the Resentment Barrier" ("Rompimiento de la barrera del resentimiento") (sermón presentado en la Iglesia Bíblica de Península, Palo Alto, California, *Treasures of the Parable* Series —Serie Tesoros de las parábolas—, mensaje 11 del 13 de julio de 1969), pág. 6.
7. Amy Carmichael, tomado de la publicación *If* (Si), que tiene registrado el derecho de autor, pág. 48. Se usa con permiso de la Cruzada de Literatura Cristiana, Fort Washington, Pensilvania, 19034.

Capítulo 5

1. Leslie B. Flynn, *Great Church Fights* (Grandes peleas de la iglesia).

Wheaton, Illinois, Victor Books, un departamento de SP Publications, Inc., 1976, pág. 91.
2. *Ibid.*, pág. 85.
3. Earl D. Radmacher, *You and Your Thoughts, The Power of Right Thinking* (Usted y sus pensamientos, el poder del pensamiento correcto). Wheaton, Illinois: Tyndale House Publishers, Inc., 1977), págs. 15, 19.
4. A Merriam-Webster, *Webster's New Collegiate Dictionary* (Nuevo diccionario universitario de Webster). Springfield, Massachusetts: G. & C. Merriam Company, 1974, pág. 451.
5. Howard Butt, *The Velvet Covered Brick* (El ladrillo cubierto de terciopelo). San Francisco: Harper & Row, Publishers, 1973, págs. 41-43.
6. John Edmund Haggai, *How to Win Over Worry* (Cómo vencer la preocupación). Grand Rapids: Zondervan Publishing House, 1976, págs. 95, 96.

Capítulo 6

1. Jack Sparks, *The Mind Benders* (Los dobladores de la mente). Nashville: Thomas Nelson, Inc., Publishers, 1977, págs. 16, 17.
2. Christopher Edwards, *Crazy for God* (Loco por Dios). Englewood Cliffs, Nueva Jersey: Prentice-Hall, Inc., 1979.
3. Ronald M. Enroth, "The Power Abusers" ("Los abusadores del poder"), revista *Eternity*, octubre de 1979, pág. 25.
4. W. E. Vine, *An Expository Dictionary of New Testament Words* (Diccionario expositivo de las palabras del Nuevo Testamento). Londres: Oliphants Ltd., 1940, pág. 113.
5. Larry Christenson, *La mente renovada.* Caparra Terrace, Puerto Rico, Editorial Betania, 1975, págs. 39, 40.
6. Dale E. Galloway, *Dream a New Dream* (Tenga un nuevo sueño). Wheaton, Illinois: Tyndale House Publishers, Inc., 1975, págs. 77, 78.
7. Reimpreso con permiso de Macmillan Publishing Co., Inc., de *Creative Brooding* (Meditación creadora), por Robert A. Raines. ©1966 by Robert A. Raines.

Capítulo 7

1. Jerry White, *Honesty, Morality, & Conscience* (Honestidad, moralidad y conciencia). Colorado Springs, Colorado: NavPress, 1979, págs. 81, 82.
2. William Barclay, *The Gospel of Matthew* (El Evangelio según Mateo). Edinburgh: The Saint Andrew Press, 1956, (1:86).
3. Augustus M. Toplady, "Rock of Ages, Cleft for Me" ("Roca de la eternidad, abierta para mí"), 1776.
4. "Man a Nothing" ("El hombre es nada"), tomado de *The Valley of Vision: A Collection of Puritan Prayers and Devotions* (El valle de la

visión: Colección de oraciones y devociones puritanas), Arthur Bennett, editor. Londres: The Banner of Truth Trust, 1975, pág. 91.
5. Bernard of Clairvaus, "Jesus, Thou Joy of Loving Hearts" ("Jesús, tú eres el gozo de los corazones amantes"), traducido al inglés por Ray Palmer.
6. Dag Hammarskjöld, *Markings* (Señales), Nueva York: Alfred A. Knopf, 1978, pág. 53.
7. Archibald Thomas Robertson, *Word Pictures in the New Testament* (Cuadros dibujados con palabras en el Nuevo Testamento). Vol. 1. Nashville: Broadman Press, 1930, pág. 41.

Capítulo 8

1. William Barclay, *The Gospel of Matthew* (El Evangelio según Mateo). Edinburgh: The Saint Andrew Press, 1956, (1:98).
2. Leslie Flynn, *Great Church Fights* (Grandes peleas de la iglesia). Wheaton, Illinois: Victor Books, un departamento de SP Publications, Inc., 1976, pág. 44.

Capítulo 9

1. Tim Timmons, *Maximum Living in a Pressure-Cooker World* (Vida máxima en un mundo como una olla de presión). Waco: Word Books Publisher, 1979, pág. 163.
2. "The Battered Wife: What's Being Done?" ("La esposa golpeada: ¿Qué se ha estado haciendo?"). Publicación *Times,* de Los Angeles, 27 de abril de 1978.
3. Catherine Marshall, *Mr. Jones, Meet the Master* (Señor Jones, conozca usted al Señor). Nueva York: Fleming H. Revell Company, 1951, págs. 147, 148.
4. John R. W. Stott, *Christian Counter-Culture* (Contra-Cultura cristiana). Downers Grove, Illinois: InterVarsity Press, 1978, págs. 58, 59.
5. R. V. G. Tasker, editor, *The Tyndale New Testament Commentaries, The Gospel According to St. Matthew* (Comentarios Tyndale del Nuevo Testamento: El Evangelio según San Mateo). Grand Rapids: Wm. B. Eerdmans Publishing Company, 1978, pág. 63.
6. Harry Blamires, *The Christian Mind* (La mente cristiana). Ann Arbor: Servant Books, 1963, pág. 3.
7. Rebecca Manley Pippert, *Out of the Salt-Shaker & into the World* (Fuera del salero y hacia el mundo). Downer Grove, Illinois: InterVarsity Press, 1979.
8. John R. W. Stott, *Christian Counter-Culture* (Contra-Cultura cristiana), pág. 61.
9. D. Martyn Lloyd-Jones, *Studies in the Sermon on the Mount* (Estudios sobre el Sermón del Monte), Vol. 1. Grand Rapids: Wm. B. Eerdmans Publishing Company, 1959, pág. 178.
10. Rebecca Manley Pippert, págs. 125, 126.

Capítulo 10

1. J. Oswald Sanders, *Spiritual Leadership* (Liderato espiritual). Chicago: Moody Press, 1967, pág. 142.
2. *Ibid.*, págs. 142, 143.
3. Dr. James C. Dobson, *Straight Talk to Men and Their Wives* (Charla directa a los hombres y a sus esposas). Waco: Word Books Publisher, 1980, págs. 58-60.
4. C. S. Lewis, *The Four Loves* (Los cuatro amores). Nueva York: Harcourt, Brace & World, Inc., 1960, pág. 169.
5. E. Margaret Clarkson, "So Send I You" ("Así también yo os envío"), copyright ©1954 by Singspiration, Inc. Reservados todos los derechos. Se usa con permiso de Singspiration, Inc., Grand Rapids.

Capítulo 11

1. Wilbur Smith, *Have You Considered Him?* (¿Ha pensado usted en él?) Downers Grove, Illinois, InterVarsity Press, 1970, pág. 5.
2. Tomado de *The Encyclopedia of Religious Quotations* (Enciclopedia de citas religiosas), Frank Mead, editor. Old Tappan, Nueva Jersey: Fleming H. Revell, sin fecha, pág. 51.
3. *Ibid.*, pág. 56.
4. James "Frog" Sullivan, *The Frog Who Never Became a Prince* (La rana que nunca llegó a ser príncipe). Santa Ana, California: Vision House Publishers, 1975, págs. 127-131.

Capítulo 12

1. W. E. Vine, *Expository Dictionary of New Testament Words* (Diccionario expositivo de las palabras del Nuevo Testamento), Volumen 1. Londres: Oliphants Ltd., 1970, pág. 38.
2. W. E. Vine, *Expository Dictionary of New Testament Words,* Vol. 3. Londres: Oliphants Ltd., 1970, págs. 177, 178.
3. Thomas V. Bonoma y Dennis P. Slevin, editores, *Executive Survival Manual* (Manual de supervivencia del ejecutivo). Boston: C. B. I. Publishing Company, Inc., 1978, págs. 58, 59.
4. Reimpreso con permiso de *Journal of Psychosomatic Research* (Revista de investigación sicosomática), Vol. 11; T. H. Homes y R. H. Rahe, "The Social Readjustment Rating Scale" ("Escala de clasificación del reajuste social"), Copyright 1967, Pergamon Press, Ltd.
5. Corrie ten Boom, *El refugio secreto*, Miami, Florida, Editorial Vida.
6. Elie Wiesel, *Night* (Noche). Nueva York: Avon Books, 1969, pág. 9.
7. *Ibid.*
8. Wm. Byron Forbush, editor, *Fox's Book of Martyrs* (Libro de mártires de Fox). Filadelfia: Universal Book and Bible House, 1926.
9. Amy Carmichael, "In Acceptance Lieth Peace" ("En la aceptación se halla la paz"); tomado de *Toward Jerusalem* (Hacia Jerusalén), copyright 1936, págs. 40, 41. Se usa con permiso de la Cruzada de

Literatura Cristiana, Fort Washington, Pensilvania 19034.
10. Charles R. Swindoll, *Tres pasos adelante, dos para atrás*. Editorial Betania, 824 Calle 13 S. O., Caparra Terrace, Puerto Rico 00921.

Capítulo 13

1. Richard H. Seume, compositor y editor, *Hymns of Jubilee* (Himnos de júblilo). Dallas: Dallas Theological Seminary, sin fecha, pág. 49.
2. John Bartlett, editor, *Familiar Quotations* (Citas familiares). Boston: Little, Brown and Company, 1955, pág. 660.
3. Joyce Landorf, *Canción de duelo,* Miami, Florida. Editorial Vida, 1976, págs. 62, 63.
4. Kenneth S. Wuest, *The Pastoral Epistles in the Greek New Testament* (Las epístolas pastorales en el Nuevo Testamento griego). Grand Rapids: Wm. B. Eerdmans Publishing Co., 1956, pág. 163.
5. Charles L. Allen, *You Are Never Alone* (Usted nunca está solo). Old Tappan, Nueva Jersey: Fleming H. Revell Company, 1978, págs. 77-79.

Conclusión

1. Robert K. Greenleaf, *Servant Leadership* (Liderato de siervo). Nueva York: Paulist Press, 1977, págs. 1, 2.

Printed in U.S.A. — Impreso en EE. UU. de A.